बारहवीं रात

शेक्सपियर

अनुवाद : डॉ. रांगेय राघव

राजपाल

अनुवाद
रांगेय राघव

ISBN : 9789350642122

संस्करण : 2017 © राजपाल एण्ड सन्ज़

BARAHAVIN RAAT (Play) by Shakespeare

(Hindi edition of *Twelfth Night*)

राजपाल एण्ड सन्ज़

1590, मदरसा रोड, कश्मीरी गेट, दिल्ली-110006
फोन : 011-23869812, 23865483, 23867791
website : www.rajpalpublishing.com
e-mail : sales@rajpalpublishing.com
www.facebook.com/rajpalandsons

शेक्सपियर : संक्षिप्त परिचय

विश्व-साहित्य के गौरव, अंग्रेज़ी भाषा के अद्वितीय नाटककार शेक्सपियर का जन्म 26 अप्रैल, 1564 ई. में स्ट्रैटफोर्ड-ऑन-एवोन नामक स्थान में हुआ। उसकी बाल्यावस्था के विषय में बहुत कम ज्ञात है। उसका पिता एक किसान का पुत्र था, जिसने अपने पुत्र की शिक्षा का अच्छा प्रबन्ध भी नहीं किया। 1582 ई. में शेक्सपियर का विवाह अपने से आठ वर्ष बड़ी ऐन हैथवे से हुआ और सम्भवत: उसका पारिवारिक जीवन सन्तोषजनक नहीं था। महारानी एलिज़ाबेथ के शासनकाल में 1585 ई. में शेक्सपियर लन्दन जाकर नाटक कम्पनियों में काम करने लगा। हमारे जायसी, सूर और तुलसी का प्राय: समकालीन यह कवि यहीं आकर यशस्वी हुआ और उसने अनेक नाटक लिखे, जिनसे उसने धन और यश दोनों कमाए। 1612 ई. में उसने लिखना छोड़ दिया और अपने जन्म-स्थान को लौट गया और शेष जीवन उसने समृद्धि तथा सम्मान से बिताया। 1616 ई. में उसका स्वर्गवास हुआ। इस महान् नाटककार ने जीवन के इतने पहलुओं को इतनी गहराई से चित्रित किया है कि वह विश्व-साहित्य में अपना सानी सहज ही नहीं पाता। मारलो तथा बेन जानसन जैसे उसके समकालीन कवि उसका उपहास करते रहे, किन्तु वे तो लुप्तप्राय हो गए; और यह कविकुल दिवाकर आज भी देदीप्यमान है।

शेक्सपियर ने लगभग छत्तीस नाटक लिखे हैं, कविताएँ अलग। उसके कुछ प्रसिद्ध नाटक हैं—जूलियस सीज़र, ऑथेलो, मैकबैथ, हैमलेट, किंग लियर, रोमियो जूलियट (दु:खान्त), एक सपना (ए मिड समर नाइट्स ड्रीम), वेनिस का सौदागर, बारहवीं रात, तिल का ताड़ (मच एडू अबाउट नथिंग), जैसा तुम चाहो (एज़ यू लाइक इट), तूफ़ान (सुखान्त)। इनके अतिरिक्त ऐतिहासिक नाटक तथा प्रहसन भी हैं। प्राय: उसके सभी नाटक प्रसिद्ध हैं।

शेक्सपियर ने मानव-जीवन की शाश्वत भावनाओं को बड़े ही कुशल कलाकार की भाँति चित्रित किया है। उसके पात्र आज भी जीवित दिखाई देते हैं। जिस भाषा में शेक्सपियर के नाटक का अनुवाद नहीं है वह उन्नत भाषाओं में कभी नहीं गिनी जा सकती।

भूमिका

बारहवीं रात एक सुखान्त नाटक है। इसका लेखन-काल अन्तरसाक्ष्य और बहिरसाक्ष्य की परीक्षा के उपरान्त 1601 ई. माना जाता है। इस नाटक में दो कथाएँ हैं—एक प्रेम की कथा, दूसरी है हास्य कथा। प्रथम का स्रोत इन ग्रन्थों से माना जाता है— एपोलोनियस और सिल्ला; ग्लि' इनान्नति तथा इनगन्नि। बैण्डेलो के उपन्यासों के संग्रह में इसका प्रारम्भिक रूप माना जाता है। बैण्डेलो की इतालवी भाषा की रचना से यह कुछ परिवर्तन के साथ बैलेफोरेस्ट द्वारा फ्रेंच में उतर आई। किन्तु इसकी हास्य कथा शेक्सपियर की अपनी ही है। वह मौलिक है। इन हास्य पात्रों का सृजन कवि की अपनी प्रतिभा का परिणाम है।

बारहवीं रात का दूसरा नाम और है—'जैसा तुम चाहो'। उन दिनों के हल्की चीज़ों को देखने के शौकीन दर्शकों के लिए यह नाम काफ़ी दिलचस्प था। बड़े दिन यानी क्रिसमस के बारह दिन बाद, अर्थात् 6 जनवरी को इंग्लैण्ड में एक उत्सव हुआ करता था, जो क्रिसमस के बाद काफ़ी महत्त्व रखता था। उस दिन कई खेल भी होते थे। सब मित्र और परिवार के लोग इकट्ठे होते थे और केक काटा जाता था। उसे बाँटने पर जिस पुरुष और स्त्री के केक के टुकड़ों में मटर और सेम पाए जाते थे उन्हें उस दिन राजा और रानी मान लिया जाता था। इस नाटक में भी तीन पति और पत्नियाँ बनती हैं। शायद इसीलिए इसका नाम बारहवीं रात रखा गया है। दूसरा नाम 'जैसा तुम चाहो' से बहुत मिलता है या इसका अर्थ है कि न यह पूरी तरह सुखान्त नाटक है, न रोमान्स ही है, न दुःखान्त ही है। वही मान लो—'जैसा तुम चाहो।'

1607 ई. में 'जैसा तुम चाहो' नाम से मार्स्टन की भी एक कॉमेडी छपी थी।

नाटक का स्थान इलिरिया है। जो एक काल्पनिक स्थान है। वैसे ही जैसे शेक्सपियर के एक अन्य नाटक—'द विन्टर्ज़ टेल' का स्थान 'बोहीमिया' है।

चरित्र-चित्रण के दृष्टिकोण में इसमें वायोला, मालवोलियो और सर टोबी—तीन पात्र ऐसे हैं, जिनकी याद रह जाती है। विदूषक का पार्ट कोई विशेष नहीं है। किन्तु सम्पूर्ण दृष्टि से, व्यक्तिगत रूप से मुझे सह नाटक गहरा नहीं लगा, क्योंकि वायोला का अन्तर्द्वन्द्व जो इस कथा का प्राण है, मुखर नहीं हो सका है।

कट्टर विशुद्धतावाद (puritanism) का आन्दोलन उन दिनों शेक्सपियर के आक्रमण का विषय बना है। मालवोलियो एक विशुद्धतावादी पात्र है, जिसमें ढोंग और अहंकार को दिखाया गया है। विशुद्धतावादी आन्दोलन नाटक-घरों और आन्दोलन के साधनों पर सीधा प्रहार कर रहा था। शेक्सपियर के युग का अन्त इन्हीं कट्टरपन्थी ईसाइयों के विकास में हुआ था, जिन्होंने नाटक को काफ़ी क्षति पहुँचाई थी। किन्तु इस नाटक के अतिरिक्त शेक्सपियर में अन्यत्र इन लोगों पर ऐसे प्रहार नहीं मिलते, वैसे शेक्सपियर में इनके प्रति कोई बुरी कट्टर भावना नहीं है। वह केवल दिल्लगी करता है, सहिष्णुता से काम लेता है। किन्तु वैसे यह भी निश्चय से नहीं कहा जा सकता। शेक्सपियर तो जैसा पात्र होता है, उसके अनुरूप ही उससे बात कराता है और इसीलिए उसकी कला इतनी गहरी उतर गई है क्योंकि वह तो मानव-स्वभाव का पारखी है। सर ऐण्डू भी अनेक बातें कहता है, पर वह सब उसी का चरित्र है, शेक्सपियर का अपना कोई मत वहाँ नहीं है।

शेक्सपियर में जो असाधारण घटनाएँ मिलती हैं, जो उसकी नाटकीयता का प्राण हैं, वह यहाँ भी है, यहाँ भी वायोला और सैबैस्टियन—बहन और भाई एकदम इतने मिलते हैं कि एक ही सूरत, ऊँचाई, चैड़ाई, आवाज़, यहाँ तक कि कपड़े भी एक-से! परन्तु स्त्री के प्रति प्रेमभाव बड़ा विचित्र लगता है। वैसे ही बड़े संघर्ष का क्षण, किन्तु फिर भी उसी प्रेम का अन्त जब ओलीविया की भूल में बदल जाता है, तब हँसी आती है, और ओलीविया का चरित्र-गाम्भीर्य लुप्त हो जाता है। ऐसे ड्यूक का भी हाल होता है। एक स्त्री के पुरुष बन जाने से जो भूलें होती हैं, वह सब मज़ाक़ इस नाटक में प्रकट होते हैं।

किन्तु कहीं-कहीं महान नाटककार ने ऐसे अमर वाक्य लिखे हैं कि पूरा नाटक उठ जाता है, और इसीलिए इसे इतना श्रेष्ठ माना जाता है। स्त्री के प्रति उसकी क़लम बहुत सहृदयता दिखती है, परन्तु स्त्री के कुछ रूप उसे पसन्द नहीं भी हैं। उनकी वह आलोचना भी करता है। सम्पूर्ण नाटक में कोई भी पात्र पात्री बहुत ऊँचाई को नहीं छू पाते। ओलीविया का प्रेम तो चपलता है, परन्तु मित्र प्रेमी एण्टोनियो और वायोला ही इसमें अपनी छाप छोड़ते हैं।

मैंने नाटक के अनुवाद में वाक्चातुर्य के प्रयोगों का प्रभाव देने के लिए कहीं-कहीं हिन्दी के मुहावरों का प्रयोग किया है, वर्ना गति में खटक पड़ती थी। आशा है, पाठकों को मेरा परिश्रम लाभकर होगा।

—रांगेय राघव

पात्र-परिचय

ऑरसिनो	:	इलिरिया का ड्यूक
सैबैस्टियन	:	वायोला का भाई
एण्टोनियो	}	समुद्र के जहाज़ का कप्तान सैबैस्टियन का मित्र
एक कप्तान	:	वायोला का मित्र
वैलैण्टाइन क्यूरियो	}	ड्यूक के कुलीन अनुचर
सर टोबी बैल्च	:	ओलीविया का चाचा
सर ऐण्ड्रू ऐग्यूचीक	:	एक सामन्त
मालवोलियो फेबियन फेस्टे, विदूषक	}	ओलीविया के सेवक
ओलीविया	:	एक धनी काउण्टेस
वायोला	:	सैबैस्टियन की बहिन
मेरिया	:	ओलीविया की अनुचरी

[अन्य : लार्ड, जहाज़ी, अफ़सर, संगीतज्ञ और सेवक]

पहला अंक

दृश्य 1

(इ्यूक के महल का कमरा)

(इ्यूक, क्यूरियो, अन्य लार्ड और संगीतज्ञों का प्रवेश)

इ्यूक : यदि संगीत ही प्रेम का पोषण करने वाला तत्त्व है, तो मुझे उसकी ऐसी अति प्रदान करो, इतना अधिक दो, कि मुझे उसका अजीर्ण हो जाए, उसकी भूख अपनी अतितृप्ति से सदा के लिए बुझ जाए। फिर वही तान! उसकी लय ने मेरे रोम-रोम को फिर झंकृत कर दिया मेरे कानों में वह माधुरी लहराकर गूँज गई जैसे ढेर-ढेर फूलों पर विभोर गन्ध झूम गई हो! रोक दो। संगीत बदल गया है। अब इसमें वह मिठास नहीं, जो पहले थी। और ओ प्रेम के प्राण! संगीत! तू भी कितना जीवन्त है, कितना सत्वर, सदैव नवीन है! ओ सर्वव्यापी! और वैसे कुछ भी नहीं? देखने में कोई वस्तु कैसी भी बहुमूल्य और महत्त्वपूर्ण क्यों न हो, तेरी तुलना में तो कुछ भी नहीं बैठता! तू अन्यों से कितना ऊपर है! प्रेम से स्फुटित कल्पना ही एक ऐसी आसक्ति है, ऐसी व्याप्त प्राप्ति है, जो तुझसे तुलनीय हो सकती है।

क्यूरियो : श्रीमान्! आप शिकार पर जाएँगे?

इ्यूक : ऐं! क्या कहा क्यूरियो?

क्यूरियो : श्रीमान्! शिकार।[1]

ड्यूक : क्यों क्यूरियो! क्या कहते हो! मेरा हृदय सचमुच कुलीन है। आह! जब मेरी आँखों ने पहली बार ओलीविया को देखा, मुझे लगा वह अपने चारों ओर की वायु तक को पवित्र कर रही थी। मैं तो उसी क्षण शिकार हो गया। मेरी इच्छाएँ लोलुप शिकारी कुत्तों की तरह तभी से मेरे हृदय का पीछा करने लगीं।

(वैलैण्टाइन का प्रवेश)

क्यों? क्या उसका कोई संवाद आया है?

वैलैण्टाइन : श्रीमान्! क्रोध न करें। मैं उनके पास तक नहीं पहुँच सका। उनकी नौकरानी ने मुझे सन्देशा दिया है कि सात वर्ष भी उनकी वेदना को दूर नहीं कर सकेंगे। वे अपना मुख ढके रहेंगी। जैसे कि गिरजे की ब्रह्मचारिणी ढके रहती है। नित्य वे आँसुओं से मुँह धोएँगी, श्रीमान्! अपने भाई की मौत ने उन्हें ऐसा भयानक दु:ख पहुँचाया है, और वे उस वेदना को भूलना ही नहीं चाहतीं, यह उनका दृढ़ निश्चय-सा हो गया है।

ड्यूक : आह! जिस स्त्री के विशाल हृदय में अपने भाई के लिए इतना प्रेम है, तो उस व्यक्ति को न जाने कितना प्रेम मिलेगा, जो काम के बाण से अन्य सबके उस हृदय में मारे जाने पर स्थान बनाएगा! जब मस्तिष्क और हृदय जैसे सिंहासनों पर पूर्ण प्रेम ही सम्राट् की भाँति आसीन हो जाएगा। तुम चलो! तुम चलो! पथ दिखाओ! फूलों की सुन्दर क्यारियों की ओर! कुंजों की सुषमा और सुगन्धि में प्रेम के भाव और भी समृद्ध हो जाते हैं। (प्रस्थान)

---

1. शिकार के लिए शेक्सपियर hart शब्द लिखता है। यहाँ hart ड्यूक उत्तर देता है तो एक ही उच्चारण के कारण (शिकार) hart को हृदय (heart) के रूप में पहले प्रकट करता है। हिन्दी में ऐसे शब्द नहीं जो हृदय और शिकार के लिए एक ही हों। अत: हम यहाँ दो अर्थों का सौन्दर्य नहीं दे सकते।

दृश्य 2

(समुद्र तीर)
(वायोला, कप्तान और जहाज़ियों का प्रवेश)

वायोला : मित्रो! यह कौन-सा देश है?

कप्तान : श्रीमती! यह इलिरिया है।

वायोला : इलिरिया में मुझे क्या करना है? मेरा भाई तो एलीशियम[1] में है। मैं अकेली रह गई हूँ। ऐसा भी तो लेकिन हो सकता है कि वे डूबे नहीं हैं! क्यों जहाज़ियो! बोलते क्यों नहीं?

कप्तान : यही क्या कम है कि तुम किसी प्रकार जीवित रह गई हो; डूबी नहीं हो!

वायोला : हाय! मेरे भाई! पर ऐसा भाई का भी हाल हो तो सकता है! नहीं हो सकता?

कप्तान : तुम ठीक कहती हो श्रीमती! इस सौभाग्य में आशा का सन्तोष क्या थोड़ा है? मैं तुम्हें निश्चयपूर्वक बता दूँ कि तुमने अपने भाई को स्वरक्षा करते हुए देखा था। जब हमारा जहाज़ टूट गया और तुम्हें और इन थोड़े-से लोगों को बचाया जा रहा था, उस जर्जर छोटी नाव को भयानक लहरों पर खेया जा रहा था, तुम्हारा वीर भाई खतरे में तनिक भी न घबराकर बढ़ा और उसने पानी पर बहता मस्तूल पकड़ लिया, पर उसके बाद मुझे वह नहीं दिखा। लहरें उसे बहा ले गईं जैसे डोलफिन की पीठ पर ओरियन बह गया था।[2] बस मैं इतना ही देख सका।

---

1. स्वर्ग

2. ओरियन : प्राचीन काल का एक संगीतज्ञ। डोलफिन उसका रक्षक। एक पुरानी कथा का सन्दर्भ।

वायोला : इस सुखवह सन्देश के लिए यह सोना लो (*देती है*) मेरा बच
जाना ही मेरे भाई के बच जाने की आशा दिला रहा है। क्या तुम
इस देश को जानते हो ?

कप्तान : श्रीमती ! खूब जानता हूँ। मैं जहाँ पैदा हुआ, जहाँ पला, वह जगह
यहाँ से तीन घण्टे के सफ़र के फ़ासले पर है।

वायोला : उस जगह किसका शासन है ?

कप्तान : एक ड्यूक है। उनका हृदय वैसा ही अच्छा है। जैसा उनका नाम।

वायोला : क्या नाम है उनका ?

कप्तान : ऑरसिनो !

वायोला : ऑरसिनो ! यह नाम तो मैंने अपने पिता के मुँह से सुना है। तब
तो वे कुँवारे थे।

कप्तान : कुँवारे तो वे अब भी हैं। या कहिए, हाल तक तो थे। मुझे यहाँ
से गए एक महीना ही तो हुआ है। पर तब यह सुनाई पड़ता था,
तुम तो जानती ही हो कि जो बड़े आदमी करते हैं, छोटे लोग
उसकी कानाफूसी किया करते हैं, कि वे सुन्दरी ओलीविया के
प्रेम में पड़ गए थे।

वायोला : वह कौन है ?

कप्तान : एक उदार और पवित्र कुमारी है, एक काउण्ट की पुत्री। पिता
को मरे साल-भर हुआ। कन्या को वे उसके भाई के आश्रय में
छोड़ गए थे। वह भी कुछ समय बाद चल बसा। कहते हैं, भाई
की मौत के दुःख से वह कुमारी ऐसी पीड़ित हो गई है कि उसने
साथ रहना तो क्या, मनुष्यों को देखना भी छोड़ दिया है।

वायोला : काश, मैं उनकी सेविका बन पाती और तब तक संसार को
मुख न दिखाती, जब तक मेरी परिस्थिति सुधर न जाए! मेरी क्या
हालत हो गई है!

कप्तान : ऐसा होना कठिन है, क्योंकि वह कोई अर्ज़ी न लेगी, और

ड्यूक तक की तो वह सुनती नहीं आजकल!

वायोला : कप्तान! तुम्हारा व्यवहार इतना अच्छा है कि मैं तुम पर विश्वास करूँगी। हालाँकि मैं जानती हूँ कि ऊपरी भोलेपन के नीचे भयानक कुटिलता भी छिपी रहती है, पर तुम्हें देखकर तो यही लगता है कि तुम जितने ऊपर से देखने में अच्छे और सच्चे हो, वैसे ही भीतर भी अवश्य होगे। मैं प्रार्थना करती हूँ, मेरी सहायता करो। तुम इस सत्य को छिपा जाओ कि मैं एक लड़की हूँ। मुझे ऐसे वस्त्र पहनाकर मेरा वेश बदल डालो, जैसा मैं चाहती हूँ, ताकि मेरी मनोकामना पूर्ण हो सके! मैं तुम्हें इसका बड़ा पुरस्कार दूँगी। मैं कुलीन ऑरसिनो की सेवा में लगूँगी और तुम परिचय करा देना, पुरुषरूप में नौकर रखवा देना मुझे। तुम्हारा इसमें कोई नुकसान नहीं होगा; क्योंकि मैं तो उन्हें खूब गाना सुनाकर खुश कर दूँगी, और वे मुझे अपनी नौकरी में रखने लायक ही पाएँगे। आगे क्या होगा, यह तो भविष्य के हाथ में है, बस तुम मेरे रहस्य की रक्षा करना और बाकी सब मेरी बुद्धि पर छोड़ दो।

कप्तान : तो फिर ड्यूक के यहाँ तुम नपुंसक बनकर नौकरी करना। मैं तुम्हारे साथ गूँगा बनकर रहूँगा। यदि मैं तुम्हारे रहस्य को प्रकट कर दूँ तो अन्धा हो जाऊँ।

वायोला : धन्यवाद! सौ-सौ धन्यवाद! चलो मुझे ले चलो। (प्रस्थान)

दृश्य 3

(ओलीविया के घर का कमरा)
(सर टोबी बैल्च और मेरिया का प्रवेश)

सर टोबी : भाई की मौत का ऐसा मातम मनाकर मेरी भतीजी क्या मुसीबत खड़ी करना चाहती है। इतना दुःख तो ज़िन्दगी को ले

बैठेगा!

मेरिया : सच कहती हूँ सर टोबी! आप जल्दी लौट आया करिए रात को! आपकी भतीजी, मेरी मालकिन, आपके देर से लौटने का बड़ा रंज करती हैं।

सर टोबी : अरे जिसे हमेशा से टोका जाता रहा है, उसे ही टोकना है, तो फिर उसे भी मन भर लेने दो!

मेरिया : वह तो ठीक है, लेकिन आपको हद के भीतर तो रहना चाहिए!

सर टोबी : भीतर रहना चाहिए। किसके! मैं तो बस इन कपड़ों के भीतर रहता हूँ, जो पहनता हूँ। और शराब पीने के वक्त यह ठीक रहते हैं। मेरे जूते और कपड़े, मैं समझता हूँ बिलकुल ठीक हैं। अगर नहीं हैं, तो मैं इन्हें फीतों से टाँग दूँगा।

मेरिया : यह बेशुमार शराब पीना तो आपको बरबाद ही कर देगा। श्रीमती इसके बारे में कल कहती थीं। आप उनके लिए एक मूर्ख सामन्त को भी तो लाए थे, उनकी शादी के लिए?

सर टोबी : कौन? सर ऐण्डू ऐग्यूचीक!

मेरिया : जी हाँ, वही!

सर टोबी : वह शायद जितना लम्बा है, उतना सारी इलिरिया में न होगा।

मेरिया : तो उसका इस मामले से क्या ताल्लुक हुआ?

सर टोबी : क्यों? तीन हज़ार ड्यूकैट[1] की उसकी सालाना आमदनी है।

मेरिया : हो सकता है, पर साल-भर और रहेगी यह आमदनी। जैसा वह बेवकूफ़ और खर्चीला है, उससे तो यही लगता है।

सर टोबी : धिक्कार है जो उसके लिए ऐसा कहती हो! वह ऐसा उम्दा बाजा बजाता है। तीन-चार भाषाओं में पारंगत है और प्रकृतिदत्त सारे गुण उसमें विद्यमान हैं।

---

1. सिक्के।

मेरिया : प्रकृति के ही दिए हैं। उसके अलावा तो वह बेवकूफ़ और झगड़ालू है। अगर झगड़े के वक्त कायरता का गुण न होता तो लोग कहते हैं कि उसे ईनाम में कब्र जल्दी ही मिल जाती।

सर टोबी : मुझे पहले यह बताओ कि वे लोग कौन हैं जो उसके बारे में ऐसा कहते हैं, वे लुच्चे हैं, बेकार बदनाम करते हैं।

मेरिया : वह तो और भी कहते हैं कि आप और वह दोनों हर रात खूब शराब उड़ाते हैं।

सर टोबी : वह तो हम इसलिए पीते हैं कि अपनी भतीजी की कल्याण-कामना करते हैं।[1] और जब मेरे गले में छेद है, मैं पियूँगा और इलिरिया में ही। जो मेरी भतीजी के स्वास्थ्य के लिए नहीं पिएगा, वह कमीना और नीच है। इतना पीना चाहिए कि सिर घूम जाए। अभी क्या समझती है तू! ले देख! वे स्वयं आ भी पहुँचे। सर ऐण्डू एग्यूचीक।

(सर ऐण्डू एग्यूचीक का प्रवेश)

सर ऐण्डू : सर टोबी बैल्च! कहिए! मिज़ाज तो अच्छे हैं सर टोबी बैल्च!

सर टोबी : मेहरबानी है। सर ऐण्डू!

सर ऐण्डू : और स्त्री! अच्छी है?

मेरिया : श्रीमान् की कृपा है।

सर टोबी : सर ऐण्डू! लो और दो! सलामी! सलामी![2]

सर ऐण्डू : क्या मतलब?

सर टोबी : यह मेरी भतीजी की ख़ास नौकरानी है!

सर ऐण्डू : श्रीमती सलामी! नमस्कार! आपसे तो परिचय हुआ अहो-भाग्य समझूँ।

---

1. यूरोप में शराब का दौर शुरू करने के पहले किसी की तन्दुरुस्ती की बढ़ोतरी की कामना की जाती है।

2. वह कहता है सलामी दो, पर वह उसका नाम सलामी समझता है।

मेरिया : श्रीमान्! मेरा नाम मेरी है!

सर ऐण्ड्रू : कुमारी मेरी सलामी!

सर टोबी : नहीं-नहीं सर ऐण्ड्रू! आप गलती कर रहे हैं। सलामी माने है इसकी सलामी, इसको स्नेहपूर्ण व्यवहार का पात्र बनाना। प्रेम करना!

सर ऐण्ड्रू : पर ऐसा मैं आपके रहते कैसे कर सकता हूँ! क्या सलामी का अर्थ ऐसा होता है?

मेरिया : नमस्कार! महाशयो नमस्कार!

सर टोबी : अगर आप इसे ऐसे चले जाने देंगे तो सर ऐण्ड्रू! मैं समझता हूँ आपको अपनी तलवार खींचना ही छोड़ देना चाहिए।

सर ऐण्ड्रू : और देवी! तुम ऐसे जा रही हो कि मैं अब तलवार ही नहीं खींच सकूँगा। क्या तुम समझती हो, तुम्हारा मूर्खों से पाला पड़ा है?

मेरिया : आपसे मेरा पाला ही कहाँ पड़ा है श्रीमान्!

सर ऐण्ड्रू : वह तो शीघ्र पड़ जाएगा। लो पकड़ो मेरा हाथ।

मेरिया : अब सर ऐण्ड्रू! मैं जो चाहे सोच सकती हूँ। लेकिन...लेकिन श्रीमान्! अच्छा हो यह हाथ शराबख़ाने में जाकर आपको खूब शराब पिलाए।

सर ऐण्ड्रू : ऐसा क्यों कहती हो प्रिये! तुम्हारी उपमा किससे है?

मेरिया : इस (हाथ) पर तो खुश्की आ गई है श्रीमान्!

सर ऐण्ड्रू : क्यों? हाँ, ठीक है! मैं क्या ऐसा गधा हूँ कि हाथ भी सूखा न रख सकूँ! लेकिन मज़ाक़ क्या है?

मेरिया : बड़ा खुश्क मज़ाक है!

सर ऐण्ड्रू : और तुममें वह बहुत है?

मेरिया : क्या पूछना! उँगलियों की पोरों पर लिए हूँ। लो, मैं आपका हाथ छोड़ती हूँ। सब आपको दे चली।

(मेरिया का प्रस्थान)

सर टोबी : अरे सर ऐण्डू, आपको ज़रा शराब की ज़रूरत है! मैंने कभी आपको ऐसा हारते नहीं देखा।

सर ऐण्डू : कभी नहीं, ज़िन्दगी में नहीं, जब तक शराब मुझे बेहोश न कर दे। मुझे लगता है, कभी-कभी मुझमें उतनी भी अक़्ल नहीं रहती, जितनी एक मामूली आदमी में होती है। लेकिन मैं गाय का गोश्त बहुत खाता हूँ। और मुझे ऐसा लगता है जैसे उससे मेरी अक़्ल ठस हो जाती है।

सर टोबी : इसमें भी क्या शक होगा।

सर ऐण्डू : अगर यह बात है तो मैं इसे छोड़ ही दूँगा। सर टोबी, मैं कल घर लौटूँगा।

सर टोबी : पौरकोई[1] ? मेरे दोस्त!

सर ऐण्डू : क्या मतलब! हाँ या ना? काश, मैंने तलवार चलाने नाचने और भालुओं की लड़ाई देखने में जितना समय लगाया उतना ही भाषाएँ सीखने में लगाया होता! काश, मैंने कलात्मक विषय पढ़े होते, विशेष कर विदेशी भाषाएँ!

सर टोबी : तो कम से कम आपके सिर के बाल कहीं ज़्यादा घुँघराले होते।

सर ऐण्डू : अच्छा! उससे बालों को फायदा होता है?

सर टोबी : इसमें क्या शक है! आप नहीं जानते कि कुदरतन आपके सिर के बाल घुँघराले नहीं हैं?

सर ऐण्डू : लेकिन आपका क्या ख़याल है? ये मुझे फबते तो हैं?

सर टोबी : वाह क्या पूछना! ऐसे लटकते हैं जैसे ताने पर ऊन, सपाट!

सर ऐण्डू : वाह! पर मैं कल लौट जाऊँगा सर टोबी! आपकी भतीजी तो दर्शन ही नहीं देतीं। फिर मिलें भी तो मेरा पलड़ा तो बहुत हल्का हो चुका है। काउण्ट भी तो उनके लिए कोशिश कर रहा है।

---

1. मूल में सर टोबी क्यों (why) न कहकर फ्रेंच भाषा का शब्द पौरकोई (pourquoi) कहता है।

सर टोबी : काउण्ट से उसे क्या लेना-देना। अपनी हैसियत से ऊँचे से वह शादी न करेगी, उसने कई बार प्रतिज्ञा की है। मैंने कहते सुना है, न उम्र का बड़ा फ़र्क़, न अक़्ल का, न धन का। भले आदमी, सुनते हो! वह नहीं चाहती। निराश क्यों होते हो अभी से?

सर ऐण्डू : अच्छा एक महीने और ठहरता हूँ। मैं भी दुनिया में बड़ी अजीब अक़्ल लेकर आया हूँ। कभी-कभी तो मैं नाच-गानों में, नाटकों में ही डूबा रह जाता हूँ।

सर टोबी : तुम्हें नाच भी खूब आता है?

सर ऐण्डू : कोई हमउम्र हो, मेरी औक़ात का हो, तो सारी इलिरिया में, चुनौती दे ले। बद के आ जाए। मैं नहीं डरता। पर मुझसे बड़ा हो, उम्रदार हो, उससे मैं अपनी तुलना नहीं कर सकता।

सर टोबी : जानदार नाच में क्या कमाल करोगे, बताओ।

सर ऐण्डू : वाह! मैं ऊँची उछाल लगा जाऊँ।[1]

सर टोबी : तब तो फिर मैं भी गोश्त-सा काट दूँगा।

सर ऐण्डू : और पलट घूमने में मुझ जैसा ताकतवर इस इलिरिया में और कौन होगा?

सर टोबी : पर ये सारे गुण अभी तक क्यों छिपा रखे थे? इन पर पर्दा क्यों डाल रखा था? क्या यह भी श्रीमती माल की तस्वीरें हैं कि धूल लगते ही बिगड़ जाएँगी?[2] जोशीले ढंग से नाचते हुए गिरजे क्यों नहीं जाते और लौटते वक्त नया नाच क्यों नहीं दिखाते? मैं होता तो मेरी तो चाल ही नाच बन जाती? क्या कहता हूँ? क्या दुनिया ऐसी है जिसमें अपने गुण छिपाए जाएँ? अरे आपके तो पैरों की सुन्दर बनावट देखकर ही समझ गया था कि यह तो उस ग्रहदशा में बनाए गए थे, जब किसी नाचने वाले का सृजन होता है।

---

1. दूसरा शब्दार्थ है केपट-सॉस जिसका उबले हुए बकरे के गोश्त से ताल्लुक है।

2. किसी स्त्री का सन्दर्भ जो अपने चित्र ढककर रखती थी।

सर ऐण्डू : और जब इन पर मैं चमकीले मोज़े पहन लेता हूँ, तब देखिए क्या बात हो जाती है! तो क्या कोई मास्क किया जाए?[1]

सर टोबी : और इससे अच्छी क्या बात होगी? क्या टॉरस[2] राशि में हमारा जन्म नहीं हुआ?

सर ऐण्डू : अच्छा हाँ। जिसका दिल और पसलियों से सम्बन्ध है!

सर टोबी : नहीं जी! पैरों और जांघों से। ज़रा वह नाच तो दिखाना *(सर ऐण्डू नाचता है)* हा! और ऊँचे! हा! हा! वाह! वाह! शाबाश! कमाल कर दिया! **(प्रस्थान)**

दृश्य 4

(ड्यूक के महल का कमरा)
(वैलैण्टाइन और पुरुष वेश में वायोला का प्रवेश)
(सिज़ैरियो वायोला का वर्तमान नाम है।)

वैलैण्टाइन : सिज़ैरियो! यदि ड्यूक तुम पर ऐसे ही प्रसन्न रहें जैसे अब हैं तो निश्चय ही तुम उन्नति करोगे।

वायोला : या तो तुम समझते हो कि लापरवाह हूँ; या ये कि उनका मिज़ाज ठीक नहीं है, वर्ना उनकी मेहरबानी के एक-से बने रहने पर तुम्हें शक न होता। क्या उनका मन एक-सा नहीं रहता, दृढ़ चित्त नहीं हैं वे?

---

1. मास्क : नाटक। इसमें चेहरे पर नकाब रहता था।

2. एक राशि जिसका गर्दन, गले और स्वर से सम्बन्ध है। दोनों ही उसके बारे में कुछ नहीं जानते, यही शेक्सपियर का भाव है। इस दृश्य में विदेशी नृत्यों के नाम हैं पर हमने उनके विभेद नहीं लिखे क्योंकि उससे नाटक की गति में रस-भंग होता। शेक्सपियर भाषा के दो अर्थों के मज़ाक़ बहुत रखता है, और इसीलिए वह अनुवाद के समय निकृष्ट साबित होता है।

वैलैण्टाइन : नहीं, मुझ पर पूरा यक़ीन रखो, सो बात नहीं है।

वायोला : तो फिर क्या डर है। लो काउण्ट इधर ही आ रहे हैं।

(ड्यूक, क्यूरियो और सेवकों का प्रवेश)

ड्यूक : सिज़ैरियो कहाँ हैं?

वायोला : हाज़िर हूँ श्रीमान्!

ड्यूक : एकान्त।

(सब हटते हैं।)

सिज़ैरियो! मैं तुमसे सब कह चुका हूँ। तुम्हारे सामने अपना दिल खोल चुका हूँ। तुम्हें अपने भीतर तक के भावों से अवगत करा चुका हूँ! अच्छे लड़के! अब तुम मेरी देवी के पास जाओ। उसके द्वार पर डट जाओ और कहो कि तुम वहाँ जमे रहोगे तब तक, जब तक कि उसके सामने नहीं पहुँचा दिए जाते।

वायोला : किन्तु श्रीमान्! यदि जैसा कहा जाता है कि वे अत्यन्त दुःखी हैं, यह सत्य है, तो वे एक अपरिचित से मिलने को कभी तैयार न होंगी।

ड्यूक : तुम विरोध में आवाज़ ऊँची करना। अपनी प्रार्थना दुहराने से न रुकना, अरे बल्कि विनम्रता की सीमा का भी उल्लंघन कर जाना, लेकिन बिना काम पूरा किए किसी भी तरह न लौटना।

वायोला : अच्छा मान लीजिए, मुझे भीतर प्रवेश करने की आज्ञा मिल गई और दर्शन भी मिल गए तो मैं फिर करूँ भी क्या?

ड्यूक : ओह! यदि वह तुम्हें यह सौभाग्य प्रदान करे, तो मेरे उत्कट और गम्भीर प्रेम को उसके सामने खोल देना, मेरे सारे भावों और आशाओं को उसके सामने उंडेल देना, उसके हृदय को अचानक ही घेरकर जीत लेना। मेरे प्रिय सिज़ैरियो! मेरे प्रेम की पीड़ा को अभिव्यक्त करने को उपयुक्त एक तुम ही दूत हो, क्योंकि यह कार्य तुम्हें ठीक फबता है, और तुम जैसे तरुण के मुख से वह

यह संवाद कहीं अधिक चाव से सुनेगी, बजाय इसके कि किसी बूढ़े मुँह से या अधिक आयुवाले से सुने।

वायोला : श्रीमान्! कहीं भूल तो नहीं कर रहे, मुझे भय है।

ड्यूक : नहीं तरुण! विश्वास करो! कोई नहीं कह सकता कि तुम्हारे यौवन के दिन निकल गए। देवी डायना (चन्द्रमा) की भाँति ही तुम्हारे अधर सुन्दर और गुलाबी हैं। अभी तक तुम्हारी आवाज़ संगीतात्मक है जैसे किसी लड़की की हो। तुम्हारा सारा रूप इतना कोमल और सुन्दर है जैसे किसी स्त्री का हो। मुझे तो यक़ीन होता जा रहा है कि तुम्हारा जन्म किसी ऐसी दशा में हुआ है जो ऐसे सन्देश ले जाने की बेला ही थी। (*मुड़कर*) सिज़ैरियो के साथ अनेक नौकर जाएँ। सिज़ैरियो! तुम चाहे सबको ले जाओ। मैं तो एकान्त में बहुत सुख पाता हूँ। यदि तुमने यह कार्य सफलता से सम्पादित कर दिया तो मैं तुम्हारी जीवन-भर ऐसी ही सेवा करूँगा जैसे अपनी करता हूँ। तब तक जब तक मैं जीवित रहूँगा।

वायोला : मैं आपकी प्रिया को जीतने में कोर-कसर नहीं रखूँ, यही मेरी साधना होगी (*स्वगत*), कितना कठिन संघर्ष है। पराई से कहूँगी कि इससे विवाह कर, जब कि मुझे अवसर मिले तो सौ बार वारी जाऊँ। (**प्रस्थान**)

दृश्य 5

(**ओलीविया के घर का कमरा**)
(**मेरिया और विदूषक का प्रवेश**)

मेरिया : नहीं। या तो मुझे बता कि तू कहाँ गया था, या सोच ले कि तेरी तरफ़दारी में मेरा मुँह इतना भी न खुलेगा कि हवा भी उसमें

घुस जाए। तेरी गैरहाज़िरी से मालकिन इतनी नाराज़ हैं कि तुझे कड़ी सज़ा देने पर तुली हुई हैं।

विदूषक : अरे फाँसी पर चढ़ा देंगी मुझे! जो लटक ही गया इस दुनिया में, उसे किसी रंग का डर ही क्या?

मेरिया : यह क्या? मतलब!

विदूषक : ऐसे को डर ही किसका? मर गया सो आज़ाद हो गया।

मेरिया : खूब! क्या लचर बात कहता है! अरे मुहावरा भी मालूम है? रंग का डर क्या है, पता है?

विदूषक : बताओ मेरी! बताओ! तुम बड़ी अच्छी हो।

मेरिया : युद्ध में चलता है यह! दुश्मन का झण्डा होता है न? उसे ही रंग कहते हैं। यह तो तब कहा जाता है जब कोई डर ही न हो। मूर्ख, वैसे ही बक रहा है।

विदूषक : बस! मैं तो यही कहूँगा कि जिनमें अक़्ल है वे तो अक़्लमन्द रहेंगे ही, पर जिनमें नहीं है, उन्हें बातों की चतुराई लगानी पड़ेगी।

मेरिया : लेकिन तुझे गैरहाज़िर रहने के लिए लटकाया ज़रूर जाएगा। या निकाल दिया जाएगा, वह तो फाँसी से भी बढ़कर होगा।

विदूषक : कई अच्छी फाँसियाँ बुरी शादियों को रोक देती हैं। और निकाले जाने की बात तो गर्मी की ऋतु में ठीक जँचती है।

मेरिया : तो यह तूने निश्चय कर लिया है?

विदूषक : बिलकुल नहीं। पर दो बातों का मैंने बिलकुल निश्चय कर लिया है।

मेरिया : एक टूटे तो दूसरी बना दे और दोनों गईं तो पतलून खिसक जाएगी नीचे।

विदूषक : वाह-वाह! क्या कहना है। जब सर टोबी शराब पीना छोड़ देंगे तो सारी इलिरिया में तुम सबसे अक़्लमन्द औरत हो जाओगी।

मेरिया : बको मत बदमाश! ख़बरदार जो फिर कहा। ले मालकिन आ

रही हैं अब अपनी बात को खूब सँवारकर कह ले। अब भी सँभल!

(प्रस्थान)

विदूषक : ओ अक़्ल! जाग उठ! ऐसी सुझा कि कमाल की बेवकूफ़ी उछाल दूँ। अपने को चतुर समझने वाले अक्सर उल्टे ही साबित होते हैं। मैं मानता हूँ, मैं चतुर नहीं हूँ, तो फिर कोई चतुराई खेलूँ। कहावत भी है, मौके की बोल जानेवाला मूर्ख उस चतुर व्यक्ति से अच्छा है, जिसे मौके पर नहीं सूझती।

(ओलीविया और मालवोलियो का प्रवेश)

विदूषक : ईश्वर आपको सुखी रखे मालकिन।

ओलीविया : इस बेवकूफ़ को यहाँ से निकालो।

विदूषक : अरे सुनते नहीं हो तुम लोग! मालकिन को यहाँ से निकालो।

ओलीविया : अरे जा! खुश्क बेवकूफ़। तेरा तो भेजा सूख गया है। अब तेरा यहाँ काम नहीं। और फिर, अब तू बेईमान भी हो गया है।

विदूषक : दो कुसूर! मालकिन! पर यह तो अच्छी सलाह और शराब पीने से दूर हो सकते हैं। अगर किसी खुश्के को शराब पिलाई जाए तो फिर वह रूखा नहीं रहता। अगर बेईमान को अच्छी सलाह दे दी जाए तो वह भी अच्छा हो जाता है। और फिर भी काम न चले तो चमार से टाँके लगवा दो, क्योंकि मरम्मत की चीज़ तो ऐसी ही होती है। जो भलमनसाहत गुनाह करती है, वह गुनाह से और गुनाह जो ठीक होता है वह भलमनसाहत से। यदि यह सहज तर्क काम न दे तो चारा ही क्या है? विदूषक की गलती जानबूझ कर की गई है, और वही मुसीबत है। जैसे रूप क्या है, एक फूल। मालकिन ने कहा, मूर्ख को निकालो, लिहाज़ा मैं फिर कहता हूँ कि इन्हें ले जाओ।

ओलीविया : मैं फिर कहती हूँ कि मैंने इनसे कहा था कि यह तुम्हें निकाल दें।

विदूषक : ऐसी गलती! और मालांकन करें! क्यों भला! टोपे से साधू नहीं बनता, कहते हैं न? बस यही मेरा हाल है। मैं अपना रंगीन चोगा[1] दिमाग़ में नहीं पहनता। अच्छी मालकिन! मुझे आज्ञा दें कि अपने को मूर्ख प्रमाणित कर सकूँ।[2]

ओलीविया : अच्छा तो ऐसा भी कर सकते हो?

विदूषक : बहुत चतुराई से श्रीमती!

ओलीविया : अच्छा देखें।

विदूषक : तो मैं आपसे सवाल करूँगा मालकिन! आपको हाज़िरजवाब देने होंगे।

ओलीविया : अच्छी बात है। फ़ुर्सत है तो यही सही।

विदूषक : अच्छा मालकिन! आप क्यों मातम मनाती हैं?

ओलीविया : ओ मूर्ख! अपने भाई की मौत पर!

विदूषक : तो मालकिन! उनकी आत्मा नरक में होगी।

ओलीविया : मूर्ख? वह स्वर्ग में है।

विदूषक : तब तो श्रीमती! आप ही बड़ी मूर्ख हैं क्योंकि आप भाई की आत्मा के स्वर्ग में होने पर मातम मना रही हैं। भाईयो! बेवकूफ़ को बाहर निकालो।

ओलीविया : मालवोलियो! तुम्हारा इस बेवकूफ़ के बारे में क्या ख़याल है? इसने कुछ तरक़्क़ी की है?

मालवोलियो : क्यों नहीं? की है और मौत तक करता जाएगा। मगर बुढ़ापा आता है तो अक़्लमन्द सठिया जाते हैं, मूर्ख और मूर्ख हो जाता है बस यही इसकी तरक़्क़ी है।

---

1. विदूषक चोगा पहनते थे, भड़कीला, रंगीन।

2. अंग्रेज़ी में विदूषक को मूर्ख (Fool) भी कहते थे। यहाँ दो अर्थ हैं। उसके कहने का तात्पर्य है कि विदूषक का चोगा मैं देह पर धारण करता हूँ, दिमाग़ पर नहीं, यानी मैं दरअसल मूर्ख नहीं हूँ।

विदूषक : तो बुढ़ापा तुम पर शीघ्र आए ताकि तुम्हारी जल्दी तरक्की हो। सर टोबी कसम खाकर कहेंगे कि मुझमें अक़्ल नहीं है, मैं चालाक नहीं हूँ। पर वे दमड़ी भी शर्त पर लगाने को इसलिए तैयार नहीं होंगे कि भूल से भी कह दें कि तुम अक़्लमन्द हो।

ओलीविया : इस बारे में तुम्हारी क्या राय है मालवोलियो ?

मालवोलियो : सच! मुझे ताज्जुब होता है मालकिन! कि आप ऐसे बेवक़ूफ़ लुच्चे की बातें सुनकर ऊब नहीं जातीं। अभी कुछ ही दिन हुए मैंने इसको एक निहायत बेवक़ूफ़ से भी बातचीत में हार जाते देखा था। अब आप देखिए, मैं ही इसकी बोलती बन्द करा दूँगा। असल में इसके पास कहने को कुछ है थोड़ी ही। आप कोई बात शुरू न करें तो यह बोल भी नहीं सकता। मैं, मेरी राय तो यह है, साफ़ कहता हूँ, जो इन पेशेवर विदूषकों को इतने ऊँचे दर्जे पर रखते हैं, वे खुद इन विदूषकों के भी नक़लची होते हैं।

ओलीविया : मालवोलियो! लगता है तुम अपने को ही सब कुछ समझते हो, तभी बाकी सब तुम्हें ऐसा विकृत दिखाई देता है। विशाल हृदय व्यक्ति साधारण बातों को साधारण ही समझते हैं विदूषकों को तो विशेष अधिकार होते हैं। वे तो कुछ भी कह सकते हैं। उनकी बात का क्या कोई बुरा मानता है ? ऐसे ही जैसे बुद्धिमान की नसीहत और डाँट का कोई बुरा नहीं मानता।

विदूषक : देवता मर्करी[1] तुम्हारे मुख में शब्द भरें मालकिन! क्योंकि तुम विदूषकों की प्रशंसा कर रही हो।

(मेरिया का प्रवेश)

मेरिया : मालकिन! द्वार पर एक तरुण उपस्थित है जो आपसे बात करना चाहता है।

---

1. मर्करी—देवता है, जो बहुत चपल माना जाता है। मतलब है कि जल्दी-जल्दी और ज्यादा-ज्यादा बोलो।

ओलीविया : काउण्ट आर्सिनो का आदमी है ?

मेरिया : पता नहीं मालकिन ! अच्छा सुन्दर जवान है, संग में कई नौकर हैं।

ओलीविया : तो मेरा कौन-सा नौकर जाकर उसे रोके है ?

मेरिया : सर टोबी, आपके चाचा हैं मालकिन !

ओलीविया : अरे उन्हें ले आओ ! जाओ ! जल्दी करो ! वे तो पागलों-सी बातें करते हैं। धिक्कार है उन्हें।

(मेरिया का प्रस्थान)

मालवोलियो ! तुम जाओ ! अगर काउण्ट के पास से आया हो तो कहना बीमार हैं। या घर पर नहीं हैं। जो चाहे कहकर टाल देना।

(मालवोलियो का प्रस्थान)

(फिर विदूषक से) हाँ जी, देखते हो ! तुम्हारे मज़ाक़ कैसे पुराने पड़ गए हैं और लोग उनसे ऊबने लगे हैं।

विदूषक : मालकिन ! अभी तो आप हमारी ऐसी तारीफ़ कर रही थीं जैसे अपने ही कुन्दज़ेहन लड़के की ! मैं भगवान से प्रार्थना करता हूँ कि आपके पुत्र चतुर सुजान हों, क्योंकि आखिर तो एक मैं हूँ आप ही के परिवार का सदस्य, जिसका दिमाग़ निहायत लचर है।

(सर टोबी का प्रवेश)

ओलीविया : मुझे यक़ीन है, इन्हें आधा नशा चढ़ा ही होगा। सर टोबी ! बाहर कौन आया है ?

सर टोबी : एक शरीफ़ आदमी।

ओलीविया : एक शरीफ़ आदमी ! कैसा शरीफ़ आदमी ?

सर टोबी : एक जवान। लानत हो इन बेवक़ूफ़ों पर। ऐं ! बेवक़ूफ़ ! विदूषक !

विदूषक : कहिए सर टोबी ! मिज़ाज ?

ओलीविया : सर टोबी ! आप दिन के वक्त इतने थके-ढीले-से क्यों हैं ?

सर टोबी : थकान की कहती हो ! मारो भी ! कोई द्वार पर खड़ा है।

ओलीविया : हाँ, वह कौन है?

सर टोबी : शैतान ही होगा, मुझे मतलब? हमें परमात्मा में भरोसा रखना चाहिए। बस! फिर कुछ भी हो!

ओलीविया : विदूषक! बोलो तुम नशे में पड़े आदमी की किससे तुलना करोगे?

विदूषक : एक पागल से, एक ऐसे आदमी से जिसकी अक़्ल गुम हो चुकी हो, एक डूबे हुए आदमी से। पी-पीकर मूर्ख हुए, नशे ने अक़्ल गुम कर दी और तीसरे घूँट ने डुबो दिया।

ओलीविया : तो जाओ, लाश ले जानेवाला ले आओ। चाचा पर वह उसका हक़ हो। क्योंकि वे शराब में डूबे हुए हैं। तीसरी सीढ़ी पर पहुँचे हुए हैं। चलो इन्हें पहुँचाओ।

विदूषक : अभी तो वे पागल हुए हैं। और मैं मूर्ख इस गुम अक़्ल की देखरेख कर लूँगा। (प्रस्थान)

(मालवोलियो का प्रवेश)

मालवोलियो : मालकिन! वो नौजवान तो कसम खाता है कि बिना आपसे बातें किए लौटेगा ही नहीं। मैंने कहा कि आप बीमार हैं, वह बोला कि मैं जानता था और इसीलिए तो देखने आया हूँ। मैंने कहा कि आप सो रही हैं। तो बोला कि मैं जानता था तभी तो मिलने आया हूँ। अब मैं उससे क्या कहूँ? वह तो किसी भी बात का विरोध करने को तुला है। उस पर तो बूँद नहीं टिकती।

ओलीविया : बस, कह दो मैं बात नहीं करना चाहती।

मालवोलियो : यह तो मैं उससे कह चुका। पर वह कहता है वह टस से मस न होगा, जैसे मैजिस्ट्रेट के द्वार पर खम्भे गड़े रहते हैं न? या जैसे ढाल पर तस्वीरें अंकित होती हैं? कहता है, बस ऐसे ही अड़ा रहूँगा।

ओलीविया : है कैसा वह?

मालवोलियो : आदमी है।

ओलीविया : पर कैसा ?

मालवोलियो : बड़ा उद्दण्ड-सा है, पर देखिए न, आपकी मर्ज़ी के ख़िलाफ़ आपसे मिलना चाहता है !

ओलीविया : कैसा लगता है ? बुड्ढा है या जवान ?

मालवोलियो : न बूढ़ा, न जवान, अधपका है। जैसे कोई सेब हो ! दहलीज़ पर खड़ा है। न लड़का, न आदमी ! है बड़ा सुन्दर और बोलता बड़ी तीखी आवाज़ में है, जैसे कोई औरत हो। देखकर लगता है अभी-अभी तो माँ के दूध की गन्ध आती होगी इसके मुँह से।

ओलीविया : आने दो ! मेरी अनुचरी को बुला दो।

मालवोलियो : मेरिया ! मालकिन बुलाती है। (**प्रस्थान**)

(मेरिया का पुनः प्रवेश)

ओलीविया : मेरा घूँघट दे। मेरे चेहरे को ढँक दे।[1] आ फिर ! ऑरसिनो के दूत की बातें सुनें।

(वायोला और सेवकों का प्रवेश)

वायोला : इस घर की मालकिन कौन हैं ?

ओलीविया : मुझसे बात करो। मैं ही उनकी प्रतिनिधि हूँ। तुम क्या चाहते हो ?

वायोला : ओ सुन्दरी ! ओ रूपश्री ! किन्तु पहले बताओ, मेरी प्रार्थना है, कि असली मालकिन से बोलने का सौभाग्य प्राप्त कर रहा हूँ ? मैंने उन्हें कभी नहीं देखा। इस बहुत धीरज से तैयार की हुई स्तुति को मैं किसी और के सामने नष्ट नहीं करना चाहता। यह बहुत सुन्दर बनी है, बल्कि इसे रटने में मुझे काफ़ी समय लगा है। ओ सुन्दरियो ! मेरे दूतत्व का उपहास न करो। मैं तनिक से भी अपमान से आहत हो जाता हूँ।

---

1. यह भारतीय घूँघट नहीं। झीना-सा कपड़ा होता था, जिसे चेहरा ढकने को लगाया जाता था। अमूमन यह शिरोवस्त्र था, जिसे बालों में फँसा लिया जाता था।

ओलीविया : तुम कहाँ से आए हो ?

वायोला : मैं वही कह सकता हूँ, जो मुझे रटाया गया है। और इस प्रश्न का मेरे पास उत्तर नहीं है। यह मेरा अभिनय नहीं है। मुझे कुछ विश्वास दिलाएँ कि आप ही मालकिन हैं ताकि मैं अपना संवाद प्रारम्भ करूँ।

ओलीविया : तो क्या तुम अभिनेता हो ?

वायोला : नहीं, प्रिय देवी! वह तो नहीं हूँ जो दीखता हूँ। आप ही घर की मालकिन हैं ?

ओलीविया : हाँ, मैं ही मालकिन हूँ। शायद मैं गलत नहीं कहती।

वायोला : यदि तुम मालकिन हो तो निश्चय ही तुमने वह जगह हड़प ली है, जो तुम्हारी नहीं है। तुम एक ऐसे गुण को छिपाए हो, जिसे प्रकट कर सकती थीं। किन्तु मैं इस पर अधिक नहीं कहूँगा क्योंकि यह मेरे सन्देशे में नहीं है। पहले मैं तुम्हारी स्तुति सुना दूँ। फिर मतलब की बात कहूँगा।

ओलीविया : स्तुति छोड़ो! मतलब की बात पर सीधे ही उतर आओ।

वायोला : ओह! मैंने बड़ी मेहनत से याद की है, बड़ी कवित्व-भरी है।

ओलीविया : तभी तो वह झूठी होगी। उसे रखो। रहने दो। मुझे बताया जा चुका है कि तुम मेरे द्वार पर बहुत उद्दण्डता से व्यवहार कर रहे थे, और मैंने तुम्हें जो भीतर आने दिया वह तुम्हें देखने को कि कौन है, न कि स्तुति या सन्देश सुनने को। अब, अगर अक्ल है तो चले जाओ। क़ायदे की बात करनी हो तो कहो, वर्ना मैं बेकार की बातें नहीं सुनना चाहती।

मेरिया : इधर रास्ता है, पाल खोलिए और तैर जाइए।

वायोला : अभी नहीं, प्रिय देवी! तुम जहाज़ झाड़ती हो न ? ज़रा और ठहरो! पहले, मालकिन! तुम्हारी इस दैत्य सेविका को तो सन्तुष्ट कर दूँ!

ओलीविया : तुम्हारे यहाँ आने का मक़सद क्या है ?

वायोला : सन्देश लाना।

ओलीविया : तुम्हारा सन्देश भी भयानक होगा, क्योंकि तुम्हारे बोलने का ढंग ही अजीब है। अजीब बात है, कहो।

वायोला : वह केवल आपके लिए है और किसी के लिए नहीं। मैं किसी लड़ाई की बात नहीं लाया हूँ, न आपसे समर्पण चाहता हूँ। मेरा सन्देशा बड़ा शान्तिपूर्ण है और मेरे शब्दों में बड़ा महत्त्व और बड़ी गम्भीरता है।

ओलीविया : पर तुम्हारे शब्दों में बड़ा गर्व था पहले। तुम क्या हो ? और यहाँ क्या चाहते हो ?

वायोला : हो सकता है श्रीमती, पहले मैं उद्दण्ड लगा होऊँ, पर मेरा जैसा स्वागत हुआ था, मैंने उसी से शिक्षा ली थी। मेरा संवाद केवल आपके लिए है। आपके लिए वह पवित्र है, अन्यों के सामने उसे कहना अपवित्रता होगी।

ओलीविया : एकान्त दो हमें, हम इसकी पवित्र बात सुनें।

(मेरिया का प्रस्थान)

हाँ जी, कहो !

वायोला : ओ परम सुन्दरी...

ओलीविया : आत्मा को बड़ा सन्तोष देने वाली बात है, और इस पर तो बहुत कुछ कहा जा सकता है। अपनी बात कहो। वह कहाँ से शुरू होती है ?

वायोला : ऑरसिनो के हृदय से।

ओलीविया : उसके हृदय से ! उसके किस भाग से ?

वायोला : सबसे पहले हिस्से श्रीमती !

ओलीविया : ओह ! वह तो मैं सुन चुकी हूँ। वह बहुत अपवित्र है। बस यही तुम्हारा सन्देश है ?

वायोला : सुन्दरी ! मुझे अपना चेहरा तो देखने दो !

ओलीविया : क्या तुम्हारे मालिक ने मेरे चेहरे को कोई सन्देश भेजा है ? अपनी बात से भटको मत ! जो हो, मैं चेहरे को दिखा दूँगी। यह तस्वीर देख लो ! देखते हो मुझे; कैसी तस्वीर है ?

(घूँघट हटाती है।)

वायोला : बहुत सुन्दर! यदि यह सब प्राकृतिक ही है।

ओलीविया : निश्चय ही, यह रंग कृत्रिम नहीं, प्राकृतिक ही है। यह प्रत्येक ऋतु झेलकर ऐसा ही रहेगा।

वायोला : माता प्रकृति ने ही श्वेत और लालिमा का यह चतुर सम्मिश्रण किया है कि अपूर्व और पूर्ण लावण्य उतर आया है। देवी! आप संसार की सबसे कठोर हृदय स्त्री होंगी, जो इस पृथ्वी पर आप ऐसे ही सुन्दर चित्र की एक अनुकृति छोड़े बिना चली जाएँगी।

ओलीविया : अरे नहीं! मैं इतनी निष्ठुर क्यों बनूँगी? मैं तो इन सबकी एक सूची बनाऊँगी; जैसे दो होंठ—अच्छे और गुलाबी; दो आँखें भरी, दो पलकें, एक गर्दन, एक ठोड़ी और बस यों ही, त.फ़सील से हर चीज़ का ब्यौरा छोड़ जाऊँगी। पर क्या तुम्हारा सन्देश मेरे रूप की प्रशंसा करना ही था?

वायोला : अब मैं आपका असली स्वभाव देख रहा हूँ। आपमें एक ही दोष है, वह है घोर अहंकार! आप स्वयं शैतान ही क्यों न हों, परन्तु हैं अत्यन्त सुन्दर! मेरे मालिक ड्यूक को आपसे इतना प्रेम है कि यद्यपि आप सर्वमान्य रूप से सर्वश्रेष्ठ सुन्दरी मान ली गई हैं, फिर भी उस गम्भीर प्रेम पर अपने को समर्पित कर देने में आप कुछ बहुत अधिक नहीं दे देंगी।

ओलीविया : अच्छा बताओ। वे मुझसे कितना प्रेम करते हैं?

वायोला : वे आपकी पूजा करते हैं देवी! वे आपके लिए रोते हैं और आपकी उपेक्षा उनको काट-काट जाती है कि कराह उठते हैं, लम्बी साँसें भरा करते हैं!

ओलीविया : तुम्हारे स्वामी मेरा निश्चय जानते हैं कि मैं उन्हें प्रेम नहीं कर सकती। मैं जानती हूँ वे एक कुलीन सज्जन हैं, उच्च पदस्थ हैं और उनके पास विशाल सम्पत्ति है, वे अभी तक सुन्दर और युवक हैं। सब उनकी प्रशंसा करते हैं। वे दयालु, वीर, बड़े, विद्वान

और सुन्दर पुरुष हैं, देखकर ही भव्य और सीधे लगते हैं। किन्तु यह सब मेरा हृदय नहीं जीत सकते। मैं उन्हें प्रेम नहीं कर सकती। वे जानते हैं। और शायद उन्हें इसका विश्वास भी हो चुका होगा।

वायोला : यदि मैं तुमसे इतनी ही आसक्ति से प्रेम करता होता, जितना स्वामी करते हैं, यदि मेरी प्रेम-वेदना उनकी ही-सी तीव्र होती, तो मैं तो तुम्हारी अस्वीकृति की चिन्ता न करता, मेरे लिए उसका कोई अर्थ ही न होता और मुझ पर उसका कोई प्रभाव नहीं पड़ता।

ओलीविया : तुम ऐसे में क्या कर लेते ?

वायोला : मैं तो तुम्हारे घर के पास एक फूलों का कुंज बनाकर रहता; तुमसे, अपनी प्रिया से प्रार्थना किया करता; तुम्हारी दीवारों के पास रहता। तुम्हारी तारीफ़ में गाने लिखता, अपना प्रेम प्रकट करता, जिससे तुम्हें घृणा होती और हर समय प्रत्येक ऋतु में तुम्हें वे गाने गाकर सुनाया करता। वायु में पुकारकर तुम्हारा प्यारा नाम गुँजाया करता, यहाँ तक कि हर पहाड़ी से वही प्यारी आवाज़ गूँजने लगती और फिर हर गूँज उसे दुहराती चली जाती। तुम्हें चैन न लेने देता ओलीविया! पृथ्वी और आकाश में भी! मुझ पर दया करो।

ओलीविया : तुम होते तो कर भी डालते! तुम किस कुल में जन्मे हो ?

वायोला : जिस जगह आज हूँ उससे ऊँचे कुल में! वैसे यह भी क्या बुरी जगह है। मैं कुलीन हूँ।

ओलीविया : अपने स्वामी से जाकर कहो कि मैं उन्हें कभी प्रेम नहीं कर सकती। कहना, अब मुझे और सन्देश भेजने की ज़रूरत नहीं। भले ही तुम आकर खुद बता जाना कि मेरी बात से उन पर क्या असर होता है! विदा! तुमने जो कष्ट किया है, उसके लिए यह मैं तुम्हारा आभार मानती हूँ। और यह उपहार भी स्वीकार करो !

वायोला : मैं किराए का दूत नहीं। उपहार अपने पास रखें। ड्यूक को उपहार दें देवी! मुझे नहीं। मैं परमात्मा से प्रार्थना करता हूँ कि आपका प्रेम किसी ऐसे पत्थर-दिल से हो जो आपकी चिन्ता न

करे, न आपके प्रेम को स्वीकार करे। आपका प्रेम ठुकराया जाए जैसे आपने मेरे स्वामी का प्रेम ठुकराया है। विदा, हृदयहीन सुन्दरी!

(प्रस्थान)

ओलीविया : ''तुम किस कुल में जन्मे हो?'' ''जिस जगह आज हूँ, उससे ऊँचे कुल में। वैसे यह भी क्या बुरी जगह है? मैं कुलीन हूँ।'' निश्चय ही तुम कुलीन हो। तुम्हारी बोली, चेहरा, शरीर, हिम्मत, काम, सब यही घोषणा कर रहे हैं। धीरज धर हृदय, शीघ्रता मत कर! धीरे! धीरे! काश तुम ही स्वामी की जगह होते! अरे यह क्या हुआ मुझे! क्या मेरे हृदय को भी वही आग लग गई? आह! इस युवक के गुण मुझ पर कैसा प्रभाव डालते चले जा रहे हैं? आँखों का ही अपराध है। जाने दो। मालवोलियो! सुनो!

(मालवोलियो का पुनः प्रवेश)

मालवोलियो : जी, मालकिन, हुक्म?

ओलीविया : वह मस्त बेफिक्र नौजवान जो अभी आया है, ड्यूक का दूत। उसके पीछे जाओ! वह ज़बरदस्ती अपनी यह अँगूठी मुझे दे गया है। मेरी मर्ज़ी की परवाह न करके! उससे कहना, यह मैं नहीं रखूँगी और कहना कि वह अपने स्वामी को झूठे दिलासे देकर न बहकाए रखे। मैं कभी उनकी नहीं होऊँगी। अगर वह नौजवान कल इधर आए तो मैं उसे कारण बता दूँगी। जल्दी जाओ मालवोलियो!

मालवोलियो : बस अभी गया। (प्रस्थान)

ओलीविया : मैं क्या कर रही हूँ! मैं नहीं जानती इसका नतीजा क्या होगा? उसके रूप की बावली आँखें तो मन को हर बैठीं। मेरा तर्क कहाँ गया? अरे! भाग्य! खेल! अपना खेल तू खेल! हम कुछ भी नहीं हैं। हमें तो पूर्वनिर्णीत के आगे केवल सिर झुकाना है। तो क्या यही मेरे लिए होने को था? (प्रस्थान)

दूसरा अंक

दृश्य 1

(समुद्र तीर)
(एण्टोनियो और सैबैस्टियन का प्रवेश)

एण्टोनियो : क्या तुम और नहीं रुकोगे ? क्या मैं तुम्हारे साथ नहीं चलूँ ?

सैबैस्टियन : क्षमा करो। रहने दो ! इस समय मेरी ग्रहदशा ठीक नहीं है। अगर तुम मेरे साथ चलोगे तो हो सकता है मेरी खोटी किस्मत का तुम पर भी असर पड़े। इसी से विनती करता हूँ कि मुझे मेरे दुर्भाग्य को अकेले भोगने दो। यदि मैं तुम्हें भी मुसीबत में डालूँ तो इससे बढ़कर तुम्हारी अच्छाई का बुरा बदला चुकाना और क्या होगा ?

एण्टोनियो : तो मुझे यह बता दो कि तुम जाना कहाँ चाहते हो ?

सैबैस्टियन : नहीं बताऊँगा, सच कहता हूँ। मैं स्वयं अपनी यात्रा की मंज़िल नहीं जानता। बस भटकना है। पर तुम कितने करुण-हृदय हो कि ऐसे प्रश्न भी पूछते हो जिनका मैं उत्तर नहीं देना चाहता। इसीलिए मुझे विवश होकर सब कुछ बताना पड़ेगा। एण्टोनियो ! मेरा नाम सैबैस्टियन है, जो मैंने तुम्हें रोडरिगो बताया था। मेरे

पिता मैसेलिनी के सैबैस्टियन कुल में से थे, जिनका तुमने शायद नाम सुना होगा। वे मुझे और मेरी एक बहिन को छोड़कर स्वर्गवासी हुए। मुत्यु के समय ही वह बालिका जन्मी थी, सच, भगवान की भी कैसी इच्छा थी, हम भाई-बहिन, एक साथ ही मरने को थे। लेकिन तुमने सारी योजना ही बदल दी क्योंकि जब तुमने मुझे लहरों से बचाया तब मेरी बहिन एक घण्टे पहले ही जलमग्न हो चुकी थी।

एण्टोनियो : कैसा अभागा दिन था!

सैबैस्टियन : मेरी बहिन यद्यपि मुझसे बहुत मिलती-जुलती थी, फिर भी स्त्रियों में वह सुन्दरी थी। मैं तो इस अतिप्रशंसा से सहमत नहीं, परन्तु तुम्हें यह बता दूँ जिसका कोई विरोध नहीं कर सकता कि स्वभाव और प्रकृति में वह इतनी मधुर, इतनी अच्छी थी कि ईर्ष्यालु लोग भी इसे स्वीकार करते थे। वह इसी समुद्र में खारी जल में खो चुकी है, और मैं इस जल को अपने खारी आँसुओं से बढ़ाने के अलावा और करता क्या रहा हूँ?

एण्टोनियो : क्षमा करो मुझे, मैं कितना क्रूर हूँ! जो सब पूछ रहा हूँ!

सैबैस्टियन : नहीं। मेरे मित्र एण्टोनियो। जो कष्ट मैंने तुम्हें दिया है, उसके लिए मुझे क्षमा करो।

एण्टोनियो : यदि तुम मेरे प्रेम के लिए हत्या नहीं करना चाहते, तो मुझे अपने साथ चलने दो।

सैबैस्टियन : ऐसी आशा मुझसे न करो! क्या, पहले जैसी दया तुम मुझ पर अब नहीं करना चाहते? विदा! विदा दो अब! मेरा हृदय कृतज्ञता से भर आया है। मैंने माता का स्वभाव पाया है, तनिक भी वेदना मेरी आँखों में आँसू भर लाती है। मैं ड्यूक ऑरसिनो के दरबार में जा रहा हूँ विदा। (**प्रस्थान**)

एण्टोनियो : देवताओं की समस्त दया तुम्हारे साथ रहे! मैं भी शीघ्र ऑरसिनो के महल को जाता, काश मेरे वहाँ इतने शत्रु न होते। लेकिन जो कुछ भी हो, मेरा प्रेम मुझे वहीं जाने को विवश करेगा और यह खतरे मुझे एक खेल-से ही लगेंगे। मैं जाऊँगा।

(प्रस्थान)

दृश्य 2

(पथ)
(वायोला का प्रवेश। मालवोलियो पीछे है)

मालवोलियो : क्या आप ही अभी काउण्टेस ओलीविया के यहाँ से नहीं लौटे हैं?

वायोला : हाँ, क्यों? मैं धीरे-धीरे यहीं तो आया हूँ, सीधा वहीं से!

मालवोलियो : श्रीमान्! मेरी मालकिन ने यह अँगूठी वापिस कर दी है। अगर आप इसे जैसा वे चाहती थीं, वैसे अपने साथ ही ले आते, तो मुझे दौड़-धूप नहीं करनी पड़ती। उन्होंने कहा है कि आप अपने स्वामी से कह दें कि उनका प्रेम प्राप्त करने की व्यर्थ चेष्टा छोड़ दें। और कहा है कि आप भी फिर आने की हिम्मत न करें, अगर केवल यही कहना हो कि आपके स्वामी ने मेरी मालकिन की अस्वीकृति को स्वीकार कर लिया है, तो आ सकते हैं। यह लीजिए अँगूठी।

वायोला : उन्होंने मुझसे यह अँगूठी स्वीकार कर ली थी, मैं इसे वापिस नहीं लूँगा।

मालवोलियो : जी नहीं! इसे आपने उन्हें ज़बरदस्ती दे दिया था और

वे चाहती हैं कि यह आपको उसी दुर्व्यवहार के साथ लौटा दी जाए। यह पड़ी है। देख लीजिए। झुककर उठा लीजिए। चाहें तो! वर्ना जिसे मिलेगी वह ले जाएगा। (**प्रस्थान**)

वायोला : मैंने तो इस स्त्री के पास कोई अँगूठी नहीं छोड़ी! उसका मतलब क्या है? कहीं ऐसा तो नहीं है कि वह मेरे रूप पर रीझ गई है? वह मुझे बड़े गौर से देख रही थी। ऐसे डूबकर देख रही थी कि कभी-कभी बोलना भी भूल जाती थी और बोलती भी थी तो उसके शब्द टूटे-फूटे से निकलते थे। सचमुच वह मेरे प्रेम में पड़ गई है और प्रेम की चाल के बतौर ही उसने इस मूर्ख दूत को भेजा है। वह कहती है कि वह मेरे मालिक की अँगूठी नहीं रखेगी। पर मेरे मालिक ने उसे भेजी कौन-सी थी? वह मुझे चाहती है और यदि यह सच है तो सच ही, तो फिर वह किसी स्वप्न पर ही क्यों नहीं रीझ जाती? यदि मैं छद्मवेश में न होती तो यह भूल क्यों होती? मनुष्य की कुटिलता तनिक भी अवसर प्राप्त होते ही प्रकट हो जाती है। आह! सुन्दर और धोखेबाज़ लोगों के लिए स्त्रियों के कोमल हृदय को बहकाना कितना सहज है। हाय! यह हमारी निर्बलता का दोष है, हमारा नहीं। हम बनी ही ऐसी नरम धातु की हैं कि जो हैं उसे छिपा नहीं सकतीं। अब इस मामले का होगा क्या? ड्यूक ऑरसिनो इस स्त्री से अत्यन्त प्रेम करते हैं। काउण्टेस मुझे नहीं जानती और मैं ड्यूक को कितना चाहती हूँ। इस सबका होगा क्या? मैं तो कुलीन सेवक वेश में हूँ, पुरुष हूँ, ड्यूक मुझसे कैसे प्रेम करेंगे? और हूँ जो सचमुच स्त्री, तो बेचारी ओलीविया कैसी लम्बी-लम्बी साँसें भरेगी मेरे लिए! मैं तो इसका कोई हल नहीं निकाल सकती। समय ही निकालेगा!

(प्रस्थान)

दृश्य 3

(ओलीविया के घर का कमरा)
(सर टोबी बैल्च और सर ऐण्डू ऐग्यूचीक का प्रवेश)

सर टोबी : आइए सर ऐण्डू! आधी रात बाद जागना तो सुबह जल्दी उठ जाने के बराबर है। और जल्दी उठना—आप जानते हैं...

सर ऐण्डू : नहीं, सच! मैं नहीं जानता! इतना जानता हूँ कि अगर हम देर तक जागें तो देर में ही जागते हैं।

सर टोबी : गलत। इस तरह के सारांश से मैं वैसी घृणा करता हूँ जैसे शराब के खाली पात्र से! आधी रात बाद नया दिन होता है और सुबह होती है। यानी अगर हम आधी रात तक रुकें और तब सोने जाएँ, तो हम जल्दी सोने चले गए। क्या आप नहीं मानते कि पृथ्वी, अग्नि, वायु और जल, इन चार तत्त्वों से हमारे शरीर का निर्माण हुआ है?

सर ऐण्डू : निश्चय लोग ऐसा कहते हैं। पर मैं समझता हूँ खाने और पीने से निर्माण हुआ है?

सर टोबी : आप बड़े विद्वान् हैं। लिहाज़ा हमें खाना-पीना चाहिए मेरिया! सुनो! शराब लाओ।

(विदूषक का प्रवेश)

सर ऐण्डू : विदूषक आ गया।

विदूषक : कहिए मित्रो! क्या हाल है। 'हम तीन' का चिह्न तो देखा है न?[1]

सर टोबी : स्वागत गधे! आओ एक गीत हो जाए।

---

1. शराबघर का चिह्न।

सर ऐण्डू : सच! विदूषक की आवाज़ कितनी अच्छी है! इसकी-सी सुन्दर टांग और आवाज़ मुझे मिल जाए तो मैं तो चालीस शिलिंग तक दे दूँ। सच! मूर्ख! रात तुमने जब वेपियनों की कहानी में पिग्रोग्रोमिटस की बात सुनाई तब मज़ा आ गया था। मैंने तुम्हारी प्रियतमा को भिजवाने को तुम्हें 6 पेन्स[1] का एक उपहार भेजा था। मिल गया?

विदूषक : हाँ, मुझे आपकी भेंट मिल गई। और नौकर की नाक कोड़े का हत्था नहीं, प्रिया का हाथ सफ़ेद है और ट्रॉययुद्ध में ऐचिलोस के नेतृत्व में जाने वाले कठोर मरमिडान शराब की दुकान भी नहीं।[2]

सर ऐण्डू : वाह! यह सर्वश्रेष्ठ विदूषक है। अच्छा एक अब गीत हो जाए।

सर टोबी : अच्छी बात है। यह लो 6 पेन्स! गीत हो जाए।

सर ऐण्डू : यह 6 पेन्स मेरी तरफ से। अगर सामन्त देता है। तो...फिर मैं भी!

विदूषक : प्रेम-गीत या सुन्दर जीवन का गीत?

सर टोबी : प्रेम-गीत! एक प्रेम-गीत!

सर ऐण्डू : नहीं, नहीं, सुन्दर जीवन-वीवन नहीं।

विदूषक : (गीत)

मेरी प्रिये तुम कहाँ कर रही हो विचरण?

अरी यहाँ आओ बैठो तो, आता है देखो साजन!

वह आरोहन अवरोहन सब गाता है,

भटको और न सुन्दरी आओ सम्मोहन!

है यात्रा का अन्त वहीं है जहाँ मिलन

हर सुजान का पूत जानता यह हर क्षण

---

1. लगभग 6 आना (छत्तीस पैसे)।
2. अनर्गल बात।

सर ऐण्ड्रू : वाह! वाह! क्या बात है!

सर टोबी : अच्छे रहे! अच्छे रहे!

विदूषक : *(गीत)*

> अरे प्रेम क्या है, जो है सो वर्तमान है,
>
> फिर की जाने कौन, अरे अब, अब का सुख है,
>
> आने वाला है अनजाना, जाने क्या है?
>
> रे विलम्ब में क्या समृद्धि है, आओ सुन्दरी!
>
> बीस वर्ष की युवती मेरा लो चुम्बन का त्वर!
>
> यौवन क्या यह सदा रहेगा? जाने क्या है?

सर ऐण्ड्रू : अपने सामन्तीय गौरव की कसम, गज़ब की मिठास है आवाज़ में!

सर टोबी : अजी मन को छू जाए ऐसी आवाज़ है।

सर ऐण्ड्रू : क्या छूत है आवाज़ में। मिठास तो है ही!

सर टोबी : अगर नाक से सुना जाए तो ख़ुशबू आती है। पर क्या अब इतना गाएँ कि आकाश गूँज उठे? क्या हम ऐसा गाएँ कि रात का पहरेदार उल्लू जाग उठे और हमारे गीत से देव-स्तुतियाँ गाने वाले बुनकर की तीनों आत्माएँ[1] एक हो जाएँ? बोलो करें ऐसा?

सर ऐण्ड्रू : अगर आप मुझे ख़ुश करना चाहते हैं तो ज़रूर! मैं तो तान पकड़ने में कुत्ता हूँ, फौरन पकड़ता हूँ।

विदूषक : पर श्रीमान्, होते हैं, कुछ कुत्ते पकड़े भी जाते हैं।

सर ऐण्ड्रू : बस! ठीक है। हमारा गाना हो—लुच्चा!

---

1. तीन आत्माएँ : शेक्सपियर के समय में अरस्तू के दर्शन का प्रचार था, जो हर व्यक्ति में तीन आत्माएँ मानता था—वनस्पति, पशु और बौद्धिक। बुनकर भी उस काल में समरस माने जाते थे। उनमें से कोई तो फ्लेमिश कॉलबिनिस्ट थे जो आल्वा के ड्यूक के अत्याचारों के कारण भाग गए थे और देव-स्तुतियाँ गाया करते थे।

विदूषक : श्रीमान्! क्या आपका मतलब उससे है जो शुरू होता है—
‘‘चुप रह चुप रह लुच्चे दबके!’’ मुझे मजबूर होकर उसमें आपको
लुच्चा कहना पड़ेगा।

सर ऐण्ड्रू : तो यह कोई मेरे लिए ऐसा सुनने का पहला मौका नहीं है। हाँ
विदूषक! शुरू करो। *(शुरू होता है।)* चुप रह, चुप रह।

विदूषक : अगर मैं चुप रह गया तो शुरू कैसे होगा?

सर ऐण्ड्रू : भई वाह! यह तो ज़ोर की रही। हाँ, चलो शुरू करो।

(गाते हैं।)

मेरिया : *(प्रवेश कर)* यह क्या धमाचैकड़ी मचा रखी है! मैं कहती हूँ
काउण्टेस ने मालवोलियो को तुम सबको यहाँ से निकाल भगाने
को भेजा है।

सर टोबी : मेरी श्रीमती चीनी चोर, उसका नौकर गीत पुराना। हम हैं
राजकाज के दूरन्देश समझने वाले। और तीन की मिल बैठी है
तिकड़म! मैं क्या हूँ कोई परदेसी! वही खून है मेरे भीतर! बकबक
मत कर!

(गाता है।)

प्रिये! प्रिये!

रहता था बेबीलौन में कोई एक!

विदूषक : सच कहता हूँ, आज सर टोबी में कमाल की चतुराई आ गई है।

सर ऐण्ड्रू : ज़रा जी लगे न, तो हम दोनों की बस पूछो मत। इनकी तो
अक़्ल पैनी हो जाती है, पर मैं तो ज़रा तड़क-भड़क में नहीं
जाता।

सर टोबी : *(गाता है।)*

ओ हो हो...

दिसम्बर का बारहवाँ दिन...

मेरिया : भगवान के लिए चुप रहिए।

(मालवोलियो का प्रवेश)

मालवोलियो : श्रीमान्! क्या आप लोग होश में नहीं हैं? आपको हो क्या गया है? क्या क़ायदे उठ गए और भले आदमियों का रहन-सहन जाता रहा? यह आधी रात इस क़दर शोरगुल मचाने के लिए है? क्या आपकी राय में श्रीमती ओलीविया का मकान कोई सराय है, जहाँ आप गला फाड़कर फ़हश गाने गा सकते हैं? क्या जगह, वक्त और मौके का आपको कोई ध्यान नहीं रह गया है?

सर टोबी : आप क्या समझते हैं गाने में हमें वक्त पर उतार-चढ़ाव का ख़याल नहीं? भाग जाओ!

मालवोलियो : सर टोबी! अब मैं साफ़ खोलकर कहता हूँ। मालकिन ने कहा है कि आप उसके रिश्तेदार हैं इसलिए वे आपको यहाँ रखे हैं। मगर वे आपकी बुरी आदतों को नहीं सह सकतीं। अगर आप इन्हें छोड़ दें तो मज़े से रहिए, वर्ना, उन्हें मजबूर होकर आपसे पीछा छुड़ाना ही होगा।

सर टोबी :

विदा, प्यारे मीत, अब तो

जाना ही होगा!

मेरिया : नहीं, सर टोबी! नहीं।

विदूषक : इनकी आँखें बताती हैं कि अब दिन आ गए पास!

मालवोलियो : ऐसी बात है?

सर टोबी : पर मैं कभी भी मारूँगा, नहीं!

विदूषक : सर टोबी! यह झूठ है।

मालवोलियो : वाह क्या तमीज है!

सर टोबी : क्या मैं इसे जाने को कहूँ?

विदूषक : उसका नतीजा ही क्या?

सर टोबी : तो इसे बिना रहम के भेज दूँ?

विदूषक : नहीं, नहीं, ऐसा न करें।

सर टोबी : तो फिर सोचकर कैसे कहा कि हम बेसुरे हैं! तुम ज़रूर यह सोचते हो कि तुम कोई ज़रूरी आदमी हो। और तुम यह समझते हो कि यह खुशी और मस्ती तुम्हारी सख़्ती से खत्म हो जाएगी।

विदूषक : नहीं! सच! हम अब भी चाहें तो मसालेदार शराब पी सकते हैं।

सर टोबी : बिलकुल ठीक! चले जाइए जनाब! अपनी नौकरी की ज़ंजीर को चमकाने में वक्त निकालिए। मेरिया! ज़रा शराब लाना।

मालवोलियो : अगर मालकिन के बारे में ज़रा भी सोचती हो मेरिया! तो तुम इनके शर्मनाक कामों में मदद मत करना। मैं श्रीमती ओलीविया को सूचना दे दूँगा। **(प्रस्थान)**

मेरिया : जा-जा! गधा!

सर ऐण्डू : इसे द्वन्द्व के लिए ललकारा जाए तो क्या बात रहे! और फिर लड़ा न जाए। कैसा उल्लू बन जाएगा।

सर टोबी : यह ठीक रहेगा सर ऐण्डू! मैं तुम्हारे लिए इन्तज़ाम करूँगा। लिखकर दे दूँ या ज़बानी ही कह दूँगा।

मेरिया : अच्छा सर टोबी! आज रात अपने ऊपर काबू रखिए। ड्यूक का भेजा नौजवान आया था न? तब से मालकिन आज कुछ परेशान नज़र आती हैं। श्रीमान् मालवोलियो को तो मैं अकेली समझा लूँगी। मैं तो उसे ऐसा बेवकूफ़ बनाऊँगी कि सारा ज़माना उस पर न हँस पड़े तो देखना। यह मत समझो कि बस बिस्तर पर चारों ख़ाने चित्त हो जाने-भर की अक्ल है मुझमें। देखना क्या करती हूँ।

सर टोबी : बताओ, हमें बताओ! हमें समझाओ!

मेरिया : श्रीमान्! वह बड़ा पवित्र बनता है, बिलकुल ब्रह्मचारी।

सर ऐण्डू : अगर यह सच है तो मैं इसे इतना मारूँ जितना कुत्ते को।

सर टोबी : किसलिए? पवित्र होने के कारण? कोई खास वजह भी तो होगी?

सर ऐण्डू : कोई खास तो नहीं, वैसे वजह तो है ही।

सर टोबी : वह वैसे पवित्रतावादी नहीं, वह तो कुछ भी नहीं है, मौका-परस्त है, बस चाहता यह है कि लोगों में उसे ऊँचे दर्जे का समझा जाए। वह तो दरअसल बेवकूफ़ है, पर बनता जाने क्या है अपने को, जैसे जो है सो वही है। अपने को जाने समझता क्या है, और यह तो उसके दिल में जमी बैठी है कि जिसने भी उस पर नज़र क्या डाली, उसकी शराफ़त, मिलनसारी, मिठास पर कुर्बान होके रहेगा। मैं इसकी इसी कमज़ोरी का फ़ायदा उठाऊँगी और देखना कैसा बदला लेती हूँ।

सर टोबी : कैसे ? क्या करोगी ?

मेरिया : मैं कुछ उड़ती-उड़ती बातों के प्रेम-पत्र लिखकर इधर-उधर छोड़ दूँगी, जिन्हें वह पा जाए। उसमें लिखा ऐसा जाएगा कि जिस रंग-रूप-हुलिया का बयान होगा, वह खुद उसी के-से होंगे। और मैं तो मालकिन की लिखावट जैसा ही लिखती हूँ। कभी-कभी तो हम दोनों बाद में यह भी नहीं बता पातीं कि यह हम दोनों में से किसकी लिखावट है।

सर टोबी : शाबाश! बहुत अच्छे! सब साफ़ हो रहा है।

सर ऐण्डू : समझ रहा हूँ।

सर टोबी : पत्रों को पढ़कर उसे लगेगा मेरी भतीजी उसके प्रेम में पड़ गई है, उसी ने लिखे हैं...

मेरिया : बस! बस! मेरा मतलब यही था।

सर टोबी : और तुम उसे बेवकूफ़ बनाना चाहती हो।

मेरिया : बेवकूफ़ बनने में क्या शक है। बनके रहेगा।

सर ऐण्डू : क्या दिल्लगी रहेगी!

मेरिया : अजी बड़े ठाठ की दिल्लगी रहेगी, मैं कहती हूँ। मैं जानती हूँ यह नुस्खा उस पर काम कर जाएगा। जब सब हो जाएगा तो

आप दोनों और विदूषक को ऐसी जगह ले जाऊँगी जहाँ से आप उसे पत्र उठाते हुए देख सकें। देखना क्या रंगत बदलेगी। अब सोने जाइए और अपनी योजना के शुभ परिणाम के स्वप्न देखिए। नमस्कार।

(प्रस्थान)

सर टोबी : नमस्ते! अजूबों की रानी!

सर ऐण्डू : सच कहता हूँ, बड़ी अच्छी औरत है।

सर टोबी : अच्छे घर की है, और मुझे बहुत मानती है। लेकिन इससे होता भी क्या है?

सर ऐण्डू : कोई थी जो मेरे बारे में भी बड़ा ऊँचा ख़याल रखती थी!

सर टोबी : सोने चलिए श्रीमान्! आपने और धन मँगाया है न?

सर ऐण्डू : अगर आपकी भतीजी मेरी नहीं होती तो बेकार मेरा इतना धन नष्ट हो जाएगा।

सर टोबी : नहीं, आपको और धन मँगाना चाहिए। आप अन्त में उसे प्राप्त न करें तो मुझे बेवकूफ़ कहिएगा।

सर ऐण्डू : और अगर वह न मिली तो फिर मुझ पर कभी भरोसा न कीजिए, जो कुछ भी हो जाए।

सर टोबी : बस, बस! मैं ज़रा शराब गर्म करूँ। अब इतनी रात गए क्या सोचा? चलिए, चलिए। (प्रस्थान)

दृश्य 4

(इ्यूक के महल का कमरा)
(इ्यूक, वायोला, क्यूरियो तथा अन्यों का प्रवेश)

इ्यूक : सुन्दर प्रभात है। आओ मित्रो! मुझे कुछ संगीत सुनने दो। अच्छे

सिज़ैरियो! वही पुराना और प्यारा रात वाला गीत! उसने कल कितनी सांत्वना दी थी! जीवन के वर्तमान हलचलों से भरे संघर्षों से कितने पर! एक ही कड़ी सही! सुनवा दो वही हृदयहारी गीत!

क्यूरियो : रात वाला गायक उपस्थित नहीं है श्रीमान्।

ड्यूक : वह कौन था?

क्यूरियो : विदूषक फेस्टे श्रीमान्! वह श्रीमती ओलीविया के पिता के समय में उनके पास उनका बड़ा मनोरंजन करता था। यहीं कहीं होगा।

ड्यूक : उसे ढूँढो और वही गीत बजने दो कुछ देर।

(क्यूरियो का प्रस्थान)

(संगीत)

यहाँ आओ सिज़ैरियो। सुन्दर युवक! यदि तुम कभी किसी स्त्री के प्रेम में पड़ जाओ तो प्रेम की सुखद यातना सहते समय अपने स्वामी के बारे में भी सोचना। सच्चे प्रेमी में जो वेदना होती है, उसे मुझमें देखो। प्रेमी बेचैन, चंचल, क्षण-क्षण में परिवर्तित-मनस होता है, किन्तु उसका प्रिया-चिन्तन कभी नहीं डोलता, वह स्वामी रहता है। यह संगीत कैसा लगता है तुम्हें?

वायोला : प्रेम के सिंहासन हृदय को जाकर झंकार उठता है।

ड्यूक : तुम तो खूब बोलते हो! मुझे विश्वास है कि यद्यपि तुम इतने तरुण दिखते हो, फिर भी तुम्हारी आँख किसी ऐसे मुख पर अटक चुकी है, जो तुम्हें अत्यन्त प्रिय लगता है। ठीक बात है? बताओ।

वायोला : कुछ सीमा तक श्रीमान्।

ड्यूक : जिससे तुम प्रेम करते हो वह कुमारी कैसी है?

वायोला : श्रीमान्! वह कुछ आपसे मिलती-जुलती है।

ड्यूक : तब उसकी तुलना में तुम कहीं ज्यादा अच्छे हो। क्या उम्र है उसकी?

वायोला : श्रीमान् की उम्र ही होगी।

ड्यूक : तब तुम्हारे लिए तो वह बहुत बड़ी है। स्त्री का विवाह सदा उससे बड़े पुरुष से होना चाहिए।[1] यदि पुरुष बड़ा हो तो तरुणी उसके अनुकूल गुरुता धारण कर लेती है, इस प्रकार स्त्री को पति-प्रेम से वंचित नहीं होना पड़ता। कितनी भी शक्ति और स्थिरता का गर्व क्यों न किया जाए फिर भी यह सत्य है कि पुरुष की प्रकृति स्त्री की तुलना में इस विषय में अधिक चंचल और परिवर्तनशील होती है।

वायोला : हाँ, श्रीमान्! मेरा भी यही विचार है।

ड्यूक : तो अपने से छोटी स्त्री ढूँढो! वर्ना तुम देखोगे कि तुम्हारा प्रेम घटकर दूसरी दिशाओं में बह निकलेगा, क्योंकि स्त्री का रूप तो फूल का-सा रूप है, जो देखने वालों को अपने माधुर्य से क्षण-भर मोह लेता है और फिर मुरझा जाता है।

वायोला : हाय! कितना सत्य है! यह कितनी दुःख की बात है कि वह अपनी पूर्ण सौन्दर्य बेला में भी कभी-कभी मार जाती है।

(क्यूरियो और विदूषक का प्रवेश)

ड्यूक : अरे आ गए! रात वाला गाना फिर गाओ। सिजैरियो! सुनना! पुराना है, सरल है, अक्सर गिरजे की ब्रह्मचारिणियाँ और बुनकर इसे द्वारों पर बुनते बैठे हुए गाते हैं। कशीदा काढ़ती कोमल लड़कियों में भी चलता है। कितना सहज सत्य है इसमें! प्राचीन काल के मनुष्यों में जैसा चलता था, वैसा ही कोमल प्रेम! कितना छू जाता है मन को।

विदूषक : श्रीमान् आज्ञा है?

ड्यूक : हाँ, प्रारम्भ करो।

---

1. स्वयं शेक्सपियर की पत्नी उससे उम्र में बड़ी थी।

(संगीत)

विदूषक : *(गीत)*

आ री मृत्यु निकट आ मेरे,

आ री मेरे पास!

वन की लकड़ी का सुन्दर ताबूत बने रे

उसमें मेरा तन यह लेटे शान्त बने रे,

व्यर्थ विलय में लय हो जाओ

ओ मेरे उच्छ्वास!

निष्ठुर रूपसि प्रेयसि का मारा है ये मन,

श्वेत वस्त्र फूलों पत्तों से रस दो निर्मम

मेरे जीवन की अन्तिमतम

शय्या का सुखवास!

मृत्यु सत्य है मेरे मन को जितनी प्रियतम

उतनी नहीं किसी को देगी पीड़ा अनुपम

मेरे इस ताबूत स्याह के

कुसुम न धरना पास।

कोई मत रोना हे मितवा! मेरे शव पर,

मुझे क़ब्र में शान्ति चाहिए अप्रतिहतवर,

कोई मत बिखेरना मुझ पर

अपने व्याकुल श्वास!

विरह वेदना में कोई भी हृदय हार कर

सच्चा प्रेमी वहाँ न रोए धैर्य ढूँढ कर,

मैं इस प्रेम व्यथा का मारा

पीड़ा का अधिवास!

ड्यूक : अपने परिश्रम का यह उपहार लो।

विदूषक : कोई कष्ट नहीं किया मैंने श्रीमान्! मुझे तो गाने में आनन्द

आता है।

इ्यूक : तो उस आनन्द की ही भेंट समझो।

विदूषक : सच कहते हैं श्रीमान्! सारे आनन्दों का देर-अबेर करके पुरस्कार अवश्य मिलता है।

इ्यूक : अच्छा, अब तुम मुझे छुट्टी दो।

विदूषक : वेदनामय देवता आपकी रक्षा करे। आपके वस्त्र ऐसे धूपछाँही रेशम के हों जो आपके अन्तस्थ भावों की परिवर्तनशीलता को व्यक्त करते रहें। आप जैसी मन:स्थिति के व्यक्ति को समुद्र-यात्रा पर जाना चाहिए, जो वांछित दिशा में न बह सकें तो कहीं और सही, एक लक्ष्य न मिले, तो दूसरा ही प्राप्त कर लें। (**प्रस्थान**)

इ्यूक : एकान्त!

(क्यूरियो और सेवकों का प्रस्थान)

सिज़ैरियो! मैं तुमसे फिर प्रार्थना करता हूँ कि एक बार फिर उस निष्ठुरता की रानी के पास जाओ। उससे कहना कि मैं उससे उसकी सम्पत्ति और धन के लिए प्यार नहीं करता। उससे कहना कि उसका वैभव मेरे लिए कोई मूल्य नहीं रखता। वह तो उसका रूप है जिसने मेरी आत्मा पर अपना सम्मोहन डाल दिया है।

वायोला : और यदि आपसे प्रेम न करे श्रीमान्?

इ्यूक : मैं यह विश्वास नहीं कर सकता।

वायोला : किन्तु सत्य यही है श्रीमान्! आपको इसे स्वीकार करना ही होगा। मान लीजिए एक स्त्री आपसे प्रेम करती है, शायद एक ऐसी है भी, और जैसे आप काउण्टेस के लिए व्याकुल हैं, वैसे ही वह आपके लिए है, और मान लीजिए आप इसे जान जाते हैं और उससे कह देते हैं कि आप उससे प्रेम नहीं करते, तो वह क्या करेगी? क्या आपका उत्तर स्वीकार नहीं कर लेगी?

इ्यूक : मेरे हृदय में ओलीविया के प्रति प्रेम की दारुण पीड़ा की शक्ति,

जो मेरे अन्तस् को इस प्रकार झकझोर रही है, कोई स्त्री इस संसार में नहीं झेल सकती। इतने विशाल और गम्भीर प्रेम को कोई स्त्री अपने हृदय में समेटकर धैर्य धारण कर ले, इतना बड़ा हृदय वह कहाँ से लाएगी? स्त्री का प्रेम, प्रेम का आस्वादन प्राप्त करना मात्र है, उसमें व्यक्ति की सम्पूर्ण उत्कट लालसा नहीं होती, वह एक बुभुक्षा है जो शीघ्र ही तृप्त हो जाती है, मन भर आता है, उचट जाता है, और अन्त में विद्रोह कर उठता है। और दूसरी ओर, मेरा प्रेम एक समुद्र है जो तृप्त नहीं हो सकता, चाहे वह कितना भी क्यों न भर दिया जाए। ओलीविया के प्रति मेरे प्रेम की किसी स्त्री के प्रेम से तुलना नहीं की जा सकती।

वायोला : हाँ, किन्तु मुझे निश्चय है...मैं जानता हूँ...

ड्यूक : क्या जानते हो?

वायोला : स्त्री का प्रेम पुरुष के प्रेम से कम उत्कट नहीं होता। वे वास्तव में पुरुषों की भाँति ही सच्ची होती हैं। मेरे पिता की एक लड़की थी, जिसे एक पुरुष से बहुत प्यार था, और शायद ऐसा जैसा मुझे आपसे होता, यदि मैं स्त्री होता।

ड्यूक : और उस प्रेम का इतिहास क्या है?

वायोला : कुछ नहीं श्रीमान्! उसने कभी अपना प्रेम व्यक्त नहीं किया, भीतर ही भीतर मुरझाती रही, उसका सुलगता प्रेम भीतर ही भीतर उसके रूप को सुलगाकर नष्ट करता रहा, जैसे गुलाब को कीड़ा लग गया हो, यहाँ तक कि उसकी माधुरी विलीन हो गई। उसने धैर्य रखा और संसार ने केवल उसका मुस्कराता हुआ चेहरा देखा। क्या आप उसे सच्चा प्रेम नहीं कहेंगे? हम पुरुष अपने प्रेम-व्यवहार में बड़े गर्वीले होते हैं, किन्तु हमारी अभिव्यक्ति केवल शब्दों का आडम्बर होता है, शायद ही हमारे कर्तव्य उनकी ऊँचाइयों को छू पाते हैं।

इ्यूक : तो क्या तुम्हारी बहिन की प्रेम में मृत्यु हो गई?

वायोला : मेरे घर में मेरे सिवाय कोई लड़की नहीं, न कोई भाई। मैं नहीं कह सकता। शायद यह सब गलत है। श्रीमान्! क्या मैं काउण्टेस के पास आपका सन्देश ले जाऊँ?

इ्यूक : हाँ। वही मैं कहना चाहता था। शीघ्र जाओ उसके पास। यह अमूल्य भेंट लेते जाओ। उससे कहना कि उसके प्रति मेरा प्रेम कभी भी नहीं हटेगा, न झुकेगा, न वह अस्वीकृति को ही सह सकेगा।

(प्रस्थान)

दृश्य 5

(ओलीविया का प्रस्थान)
(सर टोबी, सर ऐण्डू और फ़ेबियन का प्रवेश)

सर टोबी : फेबियन! हमारे साथ आओ।

फेबियन : आ रहा हूँ श्रीमान्! मैं तो मर जाऊँगा जो इस दिल्लगी में से कुछ भी मेरे देखने से छूट गया।

सर टोबी : क्या इस घृणित लुच्चे और नीच को अपमानित होते देखकर तुम्हें हार्दिक प्रसन्नता नहीं होगी?

फेबियन : क्या कहते हैं! खुशी दिल में न समाएगी। भालू को भड़काने के तमाशे के वक्त इस नीच ने मुझे काउण्टेस के सामने बड़ा नीचा दिखाया था।

सर टोबी : तो उसे चिढ़ाने को हम फिर भालू को ले आएँ। और फिर उसका तब तक गहरा मज़ाक उड़ाएँ। क्या राय है सर ऐण्डू?

सर ऐण्डू : अगर हम ऐसा नहीं करते, तो हमारे लिए इससे बड़े दु:ख की क्या बात हो सकती है!

सर टोबी : यह आ गई शैतान!

(मेरिया का प्रवेश)

कहो क्या हाल है हिन्दुस्तान की धातु![1]

मेरिया : आप तीनों झाड़ी के पीछे छिप जाइए। मालवोलियो इधर ही आ रहा है। पूरे आध घण्टे उसने धूप में खड़े होकर अपनी छाया में अपने बड़े-बड़े पहलू बदलकर अपना अध्ययन किया है। उसे देखने में तो मज़ाक की इन्तहा है। मुझे यकीन है जो ख़त मैंने उसके लिए डाला है, उसे पढ़कर तो वह बिलकुल उल्लू हो जाएगा। छिप जाइए, वर्ना मज़ा किरकिरा हो जाएगा। (पत्र फेंककर) यहाँ गिरा! मछली इधर ही से लासे पर आ रही है। काँटा अब लग जाना चाहिए।

(मालवोलियो का प्रवेश)

मालवोलियो : मौके की बात है, महज़ मौके की। मेरिया ने मुझसे एक बार कहा था कि काउण्टेस का रुझान मेरी तरफ़ है। वह तो यह भी कहती थी कि अगर मालकिन किसी को पसन्द करेंगी, तो ऐसे को जो मुझ जैसा लगता होगा। और फिर, यह तो सच है कि उसकी जो ऊँची राय मेरे बारे में है वह और किसी नौकर के बारे में नहीं। तो मैं इस सबका मतलब क्या निकालूँ?

सर टोबी : इस बदमाश का हौसला तो देखो।

फेबियन : श! श! चुप! उसका घमण्ड कैसा उसे फुला रहा है, क्या मुर्गे की-सी अकड़ी हुई चाल चल रहा है?

सर ऐण्डू : कसम से इस लुच्चे की तो ऐसी पिटाई करूँ!

सर टोबी : शान्त रहिए!

मालवोलियो : और मैं काउण्ट मालवोलियो बन गया तो?

सर टोबी : अरे बदमाश!

---

1. हिन्दुस्तान उन दिनों बहुत धनी देश माना जाता था।

सर ऐण्डू : गोली मार दो, इसे गोली!

सर टोबी : चुप! चुप!

मालवोलियो : यह नहीं कि ऐसे पहले कभी नहीं हुआ। स्टार्ची की मालकिन ने वस्त्रागार के अफ़सर से विवाह किया था।

सर ऐण्डू : मारो इस नीच को! शैतान!

फेबियन : शान्त! कैसे ग़ौर से सोच रहा है वह। देखो तो कैसे हवा में उड़ रहा है।

मालवोलियो : शादी के तीन महीने बाद जब मैं ठाठ से बैठूँगा...

सर टोबी : गुलेल होती तो आँख फोड़ देता इसकी।

मालवोलियो : मख़मल का ठाठ का चोगा पहनकर, अपने अफ़सरों को बुलाता हुआ मैं, शयनागार से निकलकर, जहाँ मैं ओलीविया को छोड़कर आया होऊँगा...

सर टोबी : बिजली गिरे, ओले पड़ें!

फेबियन : ज़रा चुप रहिए।

मालवोलियो : और तब अधिकार का सुख पाऊँ। और तब गम्भीरता से हर एक को देखकर, मैं उनके सामने ऐसा बनूँगा कि अब हमारे सम्बन्ध बदल गए, और उन्हें अपनी औक़ात समझनी चाहिए। तब मैं अपने चचिया ससुर टोबी को बुलाऊँगा।

सर टोबी : तबियत करती है इसे जेल में डाल दूँ।

फेबियन : चुप रहिए न? चुप रहिए।

मालवोलियो : और तब, मेरे अनेकों नौकर उसे लेने दौड़ेंगे, तब तक मैं गम्भीर बन जाऊँगा, या अपनी घड़ी या अपने किसी कीमती हीरे को उंगलियों में घुमाता रहूँगा। तब सर टोबी पास आएगा और मुझे सलाम करेगा।

सर टोबी : इसका तो क़त्ल कर देना चाहिए।

फेबियन : ख़ामोश! हमें पकड़ में नहीं आना चाहिए, चाहे कितनी ही

भड़काने वाली बात क्यों न हो।

मालवोलियो : तब मैं अपना हाथ उसके सामने बढ़ाऊँगा और अपनी सहज मुस्कान छोड़कर कठोर बन जाऊँगा।

सर टोबी : और टोबी तेरे मुँह पर फौरन तमाँचा न जड़ देगा?

मालवोलियो : कहूँगा, मेरे अच्छे सम्बन्धी! भाग्य ने जो मुझे तुम्हारी भतीजी के पति के स्थान पर होने का अवसर दिया है, मैं तुमसे कुछ कहना चाहता हूँ।

सर टोबी : अच्छा!

मालवोलियो : तुम्हें अपनी शराबख़ोरी की हरकतें ठीक करनी चाहिए।

सर टोबी : ओ गुण्डे!

फेबियन : ज़रा ठहरिए न? वर्ना हमारा खेल चौपट हो जाएगा।

मालवोलियो : और तुम अपना कीमती वक्त उस बेवकूफ़ सर के साथ गँवाते हो!

सर ऐण्डू : मुझसे मतलब है इसका?

मालवोलियो : हाँ, सर ऐण्डू ही!

सर ऐण्डू : मैं जानता था वह मेरा नाम लेगा। मुझे बहुत-से लोग बेवकूफ़ कहते हैं।

मालवोलियो : (पत्र देखकर) यह क्या मामला है?

फेबियन : अब मुर्गा जाल के पास आ गया।

सर टोबी : चुप रहो! काश वह ज़ोर से पढ़े तो लुत्फ आ जाए!

मालवोलियो : (पत्र लेकर) कसम से! यह तो श्रीमती की लिखावट है। यह तो अक्षर-अक्षर उनका ही है। वह ऐसे ही तो लिखती हैं। इसमें कोई शक नहीं।

सर ऐण्डू : क्या मतलब?

मालवोलियो : (पढ़ता है।) ''अनजाने प्रिय! मेरी शुभकामनाएँ लो।'' ठीक उनकी ही बात है। मैं मुँह तोड़ता हूँ। हाँ! उन्हीं की मुहर

है इस पर। यह तो काउण्टेस का ही पत्र है। पता नहीं, किसको लिखा गया है!

फेबियन : यह पत्र तो इसका दिल फड़का देगा।

मालवोलियो : *(पढ़ता है।)* ''प्रेम का देवता जानता है मैं उससे प्रेम करती हूँ, पर उसका नाम न लूँगी। मेरे होंठों, भूल न कर बैठना!'' नाम न लूँगी। आगे क्या है? छन्द बदल गया अब। होंठों, भूल न कर बैठना! तो क्या मालवोलियो! यह तेरे लिए ही लिखा गया है?

सर टोबी : अरे बदमाश को फाँसी लगनी चाहिए!

मालवोलियो : *(पढ़ता है।)*

मेरा कैसा भाग्य है कि जहाँ मुझे

पूजा करनी चाहिए,

वहाँ मैं आज्ञा देती हूँ।

मेरी मजबूर ख़ामोशी मेरे दिल को

काट–काट जाती है।

मेरा शरीर, आत्मा, सब पर

एम. ओ. ए. आई. का

सम्पूर्ण अधिकार है।

फेबियन : क्या सिड़ीपन की पहेली है।

सर टोबी : कमाल की औरत है मेरिया, मैं कहता हूँ।

मालवोलियो : एम.ओ.ए.आई. ने तो मुझ पर अधिकार कर लिया। सोचूँ तो सही।

फेबियन : उसने इसे पचाने को कैसा ज़हरीला खाना दिया है।

सर टोबी : अब देखो शिकार गन्ध पाके कैसे उड़ा जा रहा है!

मालवोलियो : ''जहाँ मुझे पूजा करनी चाहिए, वहाँ मैं आज्ञा देती हूँ।'' क्यों? वह मुझे आज्ञा क्यों नहीं दे सकती? मेरी मालकिन है। क्या मैं उसकी नौकरी में नहीं हूँ? इसका मतलब तो ज़ाहिर है। कोई

मामूली आदमी भी समझ सकता है। कोई उलझन नहीं है। इन सारे ख़तों का मकसद क्या है! ठहरो! एम.ओ.ए.आई.।

सर टोबी : अब घबराया। देखें कैसे तोड़ता है इसे।

फेबियन : शिकारी कुत्ता तो भौंकेगा ही, जैसे असली शिकार सूँघ लिया हो।

मालवोलियो : एम-मालवोलियो! एम—मेरे नाम का पहला अक्षर।

फेबियन : मैंने कहा था न यही कहेगा? कैसी गलत गन्ध पाई है कुत्ते ने?

मालवोलियो : एम पर आगे क्या है? यह तो ठीक नहीं। ए आना चाहिए था, ओ ए पहले कहाँ से आ गया?

फेबियन : अरे आखिर में ओ नहीं ओह ही सुनाई पड़ेगा।

सर टोबी : ज़रूर। वर्ना मैं इसे तब तक ठोकूँगा जब तक यह ओह न कर जाए!

मालवोलियो : और उसके बाद आई!

फेबियन : हाँ। और देख तो कितनी लगी हैं पीछे आँखें यहाँ आई। अभी जो बेइज्ज़ती होगी। वह तेरी खुशहाली के पीछे ही चली आ रही है।

मालवोलियो : एम.ओ.ए.आई.। यह तो कुछ मामला जमा नहीं—पहले तो सीधा मामला था। लेकिन सोचकर देखूँ, यह मुझ पर लागू तो होता है, क्योंकि मेरे नाम में यह सारे अक्षर हैं। अरे कविता के बाद गद्य भी लिखा है। (*पढ़ता है*) ''अगर यह तुम्हारे हाथों में पड़े तो सोचो! भाग्य ने मुझे ऊँची जगह दी है, परन्तु महानता से डरो मत। कुछ महानता में जन्म लेते हैं, कुछ उसे प्रयत्न: करके प्राप्त करते हैं और किसी-किसी पर वह जबरन लाद दी जाती है।

---

1. M.O.A.I. अंग्रेज़ी के अक्षर।

भाग्य तुम्हारी ओर है। सम्पूर्ण तन्मयता से उसका स्वागत करो। और नए जीवन के अनुकूल बनने के लिए अपना संकोच छोड़ दो। अपनी लघुता का त्याग करो। एक चाचा के प्रकट विरोधी बनो। नौकरों से कठोर बन जाओ, और भारी-भारी शब्दों और विचारों से अपनी भाषा को गम्भीर बनाओ। तुम्हें वही सलाह दे रही है जो तुम्हें चाहती है। मत भूलो किसने तुम्हारे पीले मोज़ों की तारीफ़ की थी और किसने कहा था कि उसके सामने जाओ तो सदा गेटिस को आड़ी करके पहनो। विश्वास करो, सौभाग्य निश्चित है, यदि तुम स्वीकार करो। अन्यथा सेवक बने रहो और स्वीकार करो कि तुम उन्नति करने में समर्थ नहीं हो। विदा, वह जो अपनी जगह तुम्हें देकर, तुम्हारी जगह लेना चाहती है। तुम्हारी भाग्यशीला—अभागिनी।''

अरे कितना स्पष्ट है, दिन के उजाले में और क्या दिखेगा? अब मैं गर्व करूँगा, बड़ी-बड़ी किताबें पढ़ूँगा और सर टोबी का विरोध करूँगा, अपने नीच मित्रों को दबाऊँगा और वही करूँगा जो पत्र में लिखा है। यह कोई कल्पना नहीं, मैं बेवकूफ़ नहीं बन रहा हूँ। न मैं अपने को छल रहा हूँ। यह तो साफ़ है कि काउण्टेस मुझे चाहती है। उसने हाल में मेरे पीले मोज़ों की तारीफ भी की और आड़ी गेटिसों की भी। और अगर अब मैं यह आदतें जारी रखूँ तो वह खुश होगी! ओ अच्छे ग्रहो! इस सौभाग्यप्रदान के लिए मेरा धन्यवाद ग्रहण करो! मैं गर्वीला, कठोर हो जाऊँगा, पीले मोज़े, आड़ी गेटिस पहनूँगा, और शीघ्र ही। जूपीटर देवता और ग्रहो! ''तुम सत्य हो! अरे अभी कुछ और भी लिखा है। (*पढ़ता है/*) ''तुम मुझे पहचान न सको यह असम्भव है। यदि तुम्हें मेरा प्रेम स्वीकार है तो मुस्कानों से प्रकट करो! मुस्कान तुम्हें किती जँचती है। हमेशा मुस्काया करो, मेरे प्रियतम, सदैव जब भी सामने आओ!'' धन्य जूपीटर! मैं सदा मुस्कराऊँगा। मैं तुम्हारी हर बात मानूँगा! **(प्रस्थान)**

फेबियन : फ़ारस के शाह की दौलत कोई मुझे दे तब भी मैं इस दिल्लगी को देखे बिना न रहूँगा।

सर टोबी : मैं तो इस ज़बरदस्त मज़ाक़ से क़ायल होकर इस मेरिया से शादी करूँगा।

सर ऐण्डू : मैं भी यही कर सकता हूँ।

सर टोबी : और, बस ऐसी एक और दिल्लगी कर दिखाए, इससे ज़्यादा मैं उससे कुछ चाहता भी नहीं।

सर ऐण्डू : यही मेरा हाल है।

फेबियन : देखो! वह आई बेवक़ूफ़ों के लिए जाल डालने वाली।

(मेरिया का प्रवेश)

सर टोबी : इधर आ जाओ मेरी तरफ़।

सर ऐण्डू : नहीं मेरी ओर।

सर टोबी : मैं तुम्हारे लिए अपनी आज़ादी खो सकता हूँ। तुमने मुझे कैद कर लिया है।

सर ऐण्डू : बस यही मेरा हाल है।

सर टोबी : तुमने उस गरीब के सामने क्या सपने फैला दिए हैं, जब उसे लगेगा यह सब झूठ था तो वह पागल हो जाएगा।

मेरिया : सच कहो? चाल चल गई? बैठी!

सर टोबी : अरे शराब चढ़ जाए जैसे दाई पर!

मेरिया : अगर मज़ाक़ का नतीजा देखना है तो उसे तब देखो जब वह काउण्टेस के सामने जाए। वह पीले मोज़े पसन्द नहीं करती और वह वही पहनेगा। और आड़ी गेटिसों से तो उसे सख़्त नफ़रत है। और फिर वह मुस्कराएगा, मुस्कान तो काउण्टेस की परेशानी की हालत में उन्हें ताज्जुब और गुस्से, दोनों से भर देगी। देखना चाहते हो तो मेरे पीछे चले आओ!

सर टोबी : अरी चल प्यारी शैतान, हम तो इसे देखने नरक में भी चलें।

सर ऐण्डू : मैं भी चलता हूँ। (प्रस्थान)

तीसरा अंक

दृश्य 1

(ओलीविया का उपवन)
(वायोला और बाजे के साथ विदूषक का प्रवेश)

वायोला : भगवान तुम्हारा भला करे दोस्त! क्या तुम गा-बजाकर अपनी रोज़ी कमाते हो?

विदूषक : नहीं श्रीमान्! मुझे गिरजे से मिलती है।

वायोला : तो क्या तुम पादरी हो?

विदूषक : नहीं श्रीमान्! मुझे गिरजे से रोज़ी इसलिए मिलती है कि मैं गिरजे के पास रहता हूँ।

वायोला : इस तरीक़े की बात से मतलब निकला कि बादशाह भिखारी के पास सोता है, अगर भिखारी कहीं पास रहता हो तो! है न? या कहो गिरजा तुम्हारे ढोल के पास बसा है?

विदूषक : बिलकुल श्रीमान्! आजकल तो दुनिया बड़ी चतुर हो गई है। लोग बातों की ऐसी खाल निकालते हैं कि मुलायम दस्तानों की तरह लफ़्ज़ों को चाहे जिधर मोड़ देते हैं।

वायोला : बिलकुल ठीक! जिन्हें लफ़्ज़ों से खेलने की आदत हो वे तो आसानी से चकमा दे जाते हैं।

विदूषक : अगर ऐसा है तो मेरी तो यह इच्छा है कि मेरी बहन का कोई नाम ही न हो।

वायोला : ऐसी इच्छा क्यों करते हो ?

विदूषक : क्योंकि उसका नाम भी एक शब्द होगा, और तुम कह ही चुके हो, उससे खेला जा सकता है। पर आजकल सब शब्द असल में लुच्चे हो गए हैं, उन पर भरोसा नहीं किया जा सकता।

वायोला : साबित करो इसे।

विदूषक : सच तो यह है श्रीमान्! मैं साबित तब तक नहीं कर सकता जब तक शब्दों का प्रयोग न करूँ और शब्द हैं धोखेबाज़, तो ठीक प्रमाणित करने को मैं उनका प्रयोग नहीं कर सकता।

वायोला : सचमुच! तुम तो बड़े मस्त और मज़ेदार आदमी हो, जो कुछ चिन्ता नहीं करता कि क्या होगा, क्या हो रहा है!

विदूषक : नहीं श्रीमान्! यह गलत है। कुछ चीज़ों की फ़िक्र मैं करता हूँ, पर क़सम से आप उनमें से नहीं हैं। मैं तो यही चाहता हूँ कि जो मैं आपको कुछ नहीं समझता, वह आपको कुछ समझने लायक़ ही बना दे, क्योंकि फिर आपको देखने की परेशानी से भी मैं बच जाऊँगा।

वायोला : क्या तुम श्रीमती ओलीविया के मूर्ख नहीं हो ?

विदूषक : नहीं श्रीमान्! क़तई नहीं। श्रीमती ओलीविया में मूर्खता कहाँ। वे मूर्ख क्यों रखें ? जब तक उनकी शादी न हो जाए!! पतियों के लिए मूर्ख ऐसे ही हैं, जैसे बड़ी मछली के लिए छोटी, दोनों एक- सी। पति ठहरे बड़े! मैं असल में उनका मूर्ख नहीं, मैं तो उनके पास शब्दों से खिलवाड़ करने वाला हूँ।

वायोला : मैंने तुम्हें हाल ही में ड्यूक ऑरसिनो के यहाँ देखा था।

विदूषक : मूर्खता पृथ्वी पर कहाँ नहीं है! मुझे तो यह सुनकर बड़ा दुःख होगा जो मैं सोचूँ कि वह मेरी श्रीमती के पास अधिक और आपके

मालिक के यहाँ कम रहती है। क्या मैंने आपको बुद्धिमान ड्यूक के समीप ही नहीं देखा था?

वायोला : अरे, तुम तो मुझी पर हमला कर बैठे! मुझे छोड़ो! यह लो अपनी भेंट!

(एक सिक्का देती है।)

विदूषक : हे भगवान्! अगली बार जग बाल बँटें तो इनको एक दाढ़ी दे देना।

वायोला : सच! मैं कहूँ, मुझे तो एक के बिना बड़ी बेचैनी रहती है। (*स्वगत*) हालाँकि मैं नहीं चाहती कि मेरी ठोड़ी पर बाल उग आएँ! (*प्रकट*) तुम्हारी मालकिन भीतर हैं?

विदूषक : क्या यह दो भेंट कुछ नहीं कर दिखाएँगी?

वायोला : बशर्ते तुम उनका इस्तेमाल करो।

विदूषक : ज़रूर करूँगा! तुम्हारी ख़बर मालकिन को देता हूँ और प्रयत्न करूँगा कि मालकिन का मालकिन से मेल हो जैसे फ़्रिज़िया के पैण्डोरस ने ट्रोइलस का क्रैसिडा से कराया था।

वायोला : ओह! अब समझा! किस सफ़ाई से माँग पेश की गई!

(सिक्का देती है।)

विदूषक : कोई मुश्किल काम नहीं श्रीमान्! मैंने माँगा ही क्या है? ट्रोइलस से मिलाप कराने को क्रैसिडा[1] को माँगना, एक भिखारी से भीख माँगना ही तो है, क्योंकि क्रैसिडा भिखारिन ही तो थी। पहला सिक्का ट्रोइलस था, दूसरा अब मंगैत का क्रैसिडा का। मालकिन के पास जाऊँगा, घर ही हैं वे, उनसे कहूँगा आप कहाँ से आए हैं, आपका नाम क्या है, क्या काम है, अजी मैं अपने रास्ते के बाहर जाकर बोलूँगा। (**प्रस्थान**)

---

1. प्रेमी ट्रोइलस—क्रैसिडा प्रेमिका—शेक्सपियर ने इन पर अलग से नाटक लिखा है। यह ग्रीक थे। प्राचीन।

वायोला : यह भी खासा विदूषक है। इस काम को निबाहने के लिए एक सीमा तक चतुरता की आवश्यकता तो है। विदूषक जिस दर्जे के लोगों से मिलता है, उसे उन्हीं के दर्जे के लफ़्ज़ों का इस्तेमाल करना पड़ता है। मौका देखकर मज़ाक करना पड़ता है। उनका मिज़ाज, तबियत, सब देखना पड़ता है। शिकवे की तरह हर मौके पर झपटना भी तो पड़ता है उसे। इस साधना में क्या किसी अन्य कला की विशेषता जानने के परिश्रम से किसी तरह की कमी है! बुद्धिमान विदूषक की मौके की चोट नायाब होती है, किन्तु वे बुद्धिमान जो मूर्खता में डोल गए हैं, उनकी मूर्खता का प्रदर्शन कर दिया जाए तो बहुत आहत हो उठते हैं।

(सर टोबी और सर ऐण्डू का प्रवेश)

सर टोबी : भगवान् तुम्हारी रक्षा करें।

वायोला : और आप की भी।

सर ऐण्डू : ईश्वर आपको बचाए।

वायोला : और आपको भी। मैं आपका विनीत सेवक हूँ।

सर ऐण्डू : ठीक है आप ऐसे ही रहें। और मैं आपका हूँ।

सर टोबी : आप घर में जाएँगे। भीतर? श्रीमती ओलीविया ने आपको भीतर जाने की आज्ञा दी है, यदि आपको कुछ काम हो।

वायोला : मैं उधर ही जा रहा हूँ श्रीमान्। आपकी भतीजी ही मेरी यात्रा की मंज़िल है।

सर टोबी : तो फिर पाँवों का प्रयोग करो युवक! चलाओ।

वायोला : मेरे पाँव मुझे अच्छे चलाते हैं, आपका अर्थ झेलने से अधिक! उनका क्या प्रयोग करूँ।

सर टोबी : मेरा मतलब था आप प्रवेश करने में उनका प्रयोग करें।

वायोला : तो लीजिए उत्तर है—गति और प्रवेश। पर वे तो यहीं आ गईं।

(ओलीविया और मेरिया का प्रवेश)

वायोला : हे परम योग्या रमणी! स्वर्ग तुम पर अपनी समृद्धि की वर्षा करता है।

सर ऐण्डू : यह नौजवान दरबारों की चटकीली ज़बान जानता है। समृद्धि की वर्षा। सुना आपने!

वायोला : जो संवाद मैं लाया हूँ वह आपसे ही और एकान्त में ही कहा जा सकता है।

सर ऐण्डू : मैं इसकी हर बात पर गौर कर रहा हूँ। मौके पर उनका प्रयोग भी करूँगा अपने लिए।

ओलीविया : मुझे एकान्त चाहिए। उपवन का द्वार बन्द कर दो।

(सर टोबी, सर ऐण्डू और मेरिया का प्रस्थान)

मैं आपका स्वागत करती हूँ।

वायोला : मेरी विनती और कर्त्तव्यपरायण सम्मान भावना को स्वीकार कीजिए।

ओलीविया : आपका नाम क्या है?

वायोला : श्रीमती! सेवक का नाम सिज़ैरियो है।

ओलीविया : नहीं श्रीमान्! इस संसार को इस निम्न कोटि की चाटुकारिता ने कभी आनन्दित नहीं किया। आप मेरे सेवक नहीं। आप ड्यूक के सेवक हैं।

वायोला : अतएव आपका सेवक हूँ श्रीमती, क्योंकि ड्यूक आपके विनम्र सेवक हैं। अत: मैं जो उनका सेवक हूँ, आपका ही सेवक तो हुआ।

ओलीविया : जहाँ तक ड्यूक का प्रश्न है, मैं उनकी नहीं सुनना चाहती, और उनके बारे में तो मैं सोचती भी नहीं। कभी नहीं चाहती कि उनके दिमाग में मेरा ख़याल भी टिके।

वायोला : प्रिय। श्रीमती! मेरे यहाँ आने का उद्देश्य यही है कि आप उनके बारे में कुछ मुलायमियत से सोचें, मैं आपको उसकी ओर प्रेरित करूँ।

ओलीविया : क्षमा करिए। मैं प्रार्थना करती हूँ। क्या मैंने पहले ही आपसे नहीं कह दिया कि ड्यूक के बारे में मैं आपसे कोई बात नहीं करूँगी! यदि आपकी प्रार्थना का कोई दूसरा विषय हो, तो मैं स्वर्ग की सुमधुर ध्वनियों का तिरस्कार करके भी उसे सुनने को तत्पर हूँ।

वायोला : श्रीमती...

ओलीविया : ठहरिए। मुझे कहने दीजिए। आपको यहाँ से जाने पर, जब आपने मुझ पर जादू कर दिया, मैंने अपने मुख्य सेवक को आपके पीछे अँगूठी देकर भेजा, उसे धोखा दिया और आपसे मैंने ऐसा व्यवहार किया जो शोभनीय शायद नहीं है। आप मेरे बारे में कैसी भी कठोर धारणा क्यों न बना लें मैं आपकी दया पर हूँ। मैंने जो चालाकी से अँगूठी भेजी थी, वह आपकी न थी पर आपने ले ली, मैंने विवश किया था न ? आप मेरे बारे में क्या सोचते होंगे ? कहीं आपने मेरे चरित्र को दूषित तो नहीं समझा ? कहीं उसी पर आप कड़ा प्रहार तो नहीं करना चाहते ? मैंने बहुत कह लिया! आपके सामने सब खोल दिया। आपकी आँखों के सामने मेरा हृदय है, देखिए आरपार! झीने रुमाल-सा! मैंने स्वीकार किया है, आप अपनी कह दें।

वायोला : मुझे आपके लिए घोर शोक है।

ओलीविया : यह तो मेरे प्रति प्रेम का एक पग और है न ?

वायोला : नहीं, एक भी नहीं। यह तो साधारण-सी बात है कि हम शत्रु के लिए भी दुःख मनाते हैं।

ओलीविया : तब मैं आपसे दया की भीख नहीं माँगूँगी! मैं संसार को प्रसन्नमुख दिखाऊँगी। अहंकार और अभाव संसार में बहुधा साथ-साथ दिखाई देते हैं। किन्तु यदि हमें पराजित ही होना है, तो वही धन्य भाग्य कि शत्रु भी समर्थ और श्रेष्ठ हो जिसका हम सम्मान कर सकें। *(घण्टा बजता है।)* गुज़रता वक्त डाँटता है कि क्यों मैं आपके

साथ उसे नष्ट कर रही हूँ। नौजवान! डरो मत! मैं तुम्हें नहीं चाहती। फिर भी जब तुम तनिक और बड़े हो जाओगे, और तुम्हारी बुद्धि का भी विकास हो जाएगा, जिस युवती से भी तुम विवाह करोगे, सम्भवत: उसे एक बहुत सुन्दर पति प्राप्त होगा। अब आप जा सकते हैं। पश्चिम की ओर आपका रास्ता है।

वायोला : तो पश्चिम को चलूँ! श्रीमती! तुम समृद्ध हो। तो क्या ड्यूक ऑरसिनो को कोई संवाद नहीं भिजवाओगी?

ओलीविया : तनिक ठहरो। मुझे सच बताना, मैं प्रार्थना करती हूँ, तुम्हारी मेरे बारे में राय क्या है?

वायोला : यही कि तुम्हें अपने बारे में मुग़ालता है और तुम अपने को जो समझती हो, वास्तव में उससे बिलकुल अलग हो।

ओलीविया : ठीक यही कि तुम्हारे बारे में सोचती थी।

वायोला : तुम बिलकुल ठीक हो। मैं जो दिखता हूँ, वह मैं सचमुच नहीं हूँ।

ओलीविया : काश! तुम वह होते जो मैं चाहती हूँ।

वायोला : तो क्या जो अब हूँ, उससे वह अच्छा होता? हो सकता है, क्योंकि इस समय तो मैं आपके लिए एक विदूषक ही हूँ।

ओलीविया : आह! गुस्से में कितनी खूबसूरती आ गई है! नफरत की यह निगाह कितनी दिलफ़रेब है! चाहे प्रेम को कोई कितना ही छिपा ले, लेकिन हत्या की तरह वह तो प्रकट होकर रहता है। दिन की धूप की तरह निकलता है, चाहे उसे अँधेरे में ही क्यों न छिपाने का यत्न किया जाए। मैं कहती हूँ युवक! स्त्री को जो भी प्रिय हो सकता है, फूलों की सुन्दरता, कौमार्य की पवित्रता, समस्त गुण और विशुद्धता, जो भी तुम सोच सकते हो, मैं उससे अधिक, तुम्हें प्यार करती हूँ, कि न तो मेरा विवेक, न मेरी नारीत्व की चतुरता ही उसे छिपा सकती है। चाहे तुम कितनी भी घृणा

क्यों न करो! पर यह न कहना कि क्योंकि मैंने प्रेम प्रकट किया है इसलिए तुम मुझे प्यार नहीं करोगे! अपनी घृणा को समेट लो युवक! प्रेम का सदैव मूल्य देना चाहिए! अयाचित का भी प्रत्युत्तर है, परन्तु जब वह स्वयं समर्पण बनकर आया हो, तब तो उसका महत्त्व कहीं अधिक बढ़ जाता है।

वायोला : श्रीमती! अपनी ओर से यही कहूँगा कि मेरे समस्त अस्तित्व में एक विचार है, एक स्नेह है, और उसका लक्ष्य कोई स्त्री नहीं है, कोई रमणी कभी मेरे मन को विचलित नहीं कर सकेगी, मैं ही अपने को विचलित करने में समर्थ हूँ। विदा, श्रीमती! अब कभी अपने स्वामी पर दया दिखाने की प्रार्थना मैं आपसे नहीं करूँगा।

ओलीविया : पर फिर आना। कहीं ऐसा ही हो कि शायद तुम मुझे उसी ओर प्रेरित कर सको, जिसे अब मेरा हृदय घृणा करता है।

(प्रस्थान)

दृश्य 2

(ओलीविया के घर का कमरा)
(सर टोबी, सर ऐण्डू और फेबियन का प्रवेश)

सर ऐण्डू : क़सम से, अब यहाँ ज़रा भी नहीं रुक सकता।

सर टोबी : वाह क्या ज़हर है! कोई वजह भी है?

फेबियन : सर ऐण्डू! आखिर बात तो बताइए?

सर ऐण्डू : अजी मैंने तुम्हारी भतीजी को काउण्ट के भेजे आदमी पर इश्क़ की बौछार करते देखा जो मुझ पर होनी चाहिए थी। वहीं उपवन के कुंज में।

सर टोबी : तो उसने तुम्हें वहाँ देखा? यह बताओ।

सर ऐण्डू : ऐसे देखा, जैसे मैं तुम्हें यहाँ देख रहा हूँ।

फेबियन : तब तो तुम्हारे प्रति उनका प्रेम है, यह इसका सबूत है।

सर ऐण्डू : कैसा सबूत ? मुझे गधा बनाना चाहते हो ?

फेबियन : देखिए मैं इसे तर्क देकर समझाता हूँ। ऐसा उचित समझ लेंगे न, तब कहिएगा।

सर टोबी : और देखिए, तर्क और न्याय, दो चीज़ें तब से पृथ्वी पर हैं जब नूह ने प्रलय में बजड़ा बनाया था।[1]

फेबियन : श्रीमती ने उस तरुण से आपकी मौजूदगी में प्रेम प्रकट किया केवल आपके क्रोध को उभारने, आपके सोते पौरुष को जगाने, और आपको एक उत्कट प्रेमी, बनाने के लिए। वह आपके लिए सुयोग था कि आप साहस करके बढ़ते, उनसे बातें करते, और चतुर बातों से अपने प्रतिद्वन्द्वी को, नए मज़ाकों से, चुप कर देते और श्रीमती को प्राप्त करने की योग्यता प्रमाणित करते। उन्हें आपसे इतनी आशाएँ थीं और आपने उन्हें निराश कर दिया। आपने उचित और योग्य अवसर खो दिया और वे शब्द भी जो मौके पर फबते। आपने काउण्टेस की कृपा का अवसर खो दिया और अब उसका फिर से मिलना कठिन ही है। शायद आप अब बाहर ही छूट जाएँ, बशर्ते कि आप उनकी, उनकी चाहना में फिर न उतर जाएँ, कोई ऐसा कमाल न कर दिखाएँ जो उनको मोह ले।

सर ऐण्डू : पर यह यदि मैं करूँ भी तो कोई वीरता का काम करना पड़ेगा। योजना बनाना, चालें सोचना, मुझे इस सबसे घृणा है। मुझे विशुद्धतावादी ब्राउनवादी[2] बनना मंजूर है, षड्यन्त्रकारी नहीं।

---

1. ईसाइयों में प्रलय में एकमात्र बच जानेवाला नूह था, जैसे हिन्दुओं में मनु को माना जाता है। अर्थात् मनुष्यों के आदिकाल की ओर यहाँ इंगित है।

2. विशुद्धतावादी (puritans) थे, जो कठोर ब्रह्मचर्य आदि का पालन करने के पक्ष में थे। एलिज़ाबेथ के समय में राबर्ट ब्राउन के अनुयायी—विशुद्धतावादी—गिरजों में नहीं जाते थे, क्योंकि राष्ट्रीय गिरजे की सत्ता को परमात्मा की आज्ञा के विरुद्ध आचरण मानते थे।

सर टोबी : तो कोई बात नहीं। वीरता से ही काम लो! उस नौजवान को चुनौती भेज दो और द्वन्द्व में उसकी डटकर ठुकाई उड़ाओ; काउण्टेस को पता चलेगा ही। यह याद रखो, कोई स्त्री प्रेमी की याचना से आधी भी विचलित नहीं होती, जितनी इससे होती है कि उसका पुरुष वीरता के लिए प्रसिद्ध है।

फेबियन : जी हाँ। सर ऐण्डू! आपका तो बस एक ही मौका रह गया है।

सर ऐण्डू : तो सर टोबी, या तुम फेबियन! मेरी चुनौती उस तक पहुँचा दोगे ?

सर टोबी : अरे मर्दानगी से जाकर लिखो। बस संक्षिप्त मगर साफ़ कैसी भी चतुराई न ही सही! हो दबदबे की, जोशीली चीज़! क़लम स्याही से अपनी घृणा दर्शाओ! अच्छा हो तीन-चार जगह 'तू' लिखो, बस काम बन जाएगा। जितने झूठे अभियोग सोच सको लगा दो, चाहे क्यों न इतने ही बड़े कागज़ की ज़रूरत पड़ जाए जितना लन्दन के पास वेयर की सराय का वह मशहूर बिस्तर है, जिस पर बारह आदमी सो सकते हैं।[1] लिख डालो! बत्तख़ के पंख की क़लम होगी, पर कहीं शब्द भी बत्तख़ के दिमाग़ के न हों। ऐसे चुभीले लिखना चुन-चुन कर कि हाँ! बस पहले यही करो!

सर ऐण्डू : अच्छा, तो पत्र मैं लिखता हूँ, पर फिर मुलाकात किस जगह होगी ?

सर टोबी : हम आपके कमरे में आएँगे। आप जाइए।

(सर ऐण्डू का प्रस्थान)

फेबियन : सर टोबी यह भी आपके अमूल्य आदमी हैं।

सर टोबी : अरे मैं इसको अमूल्य हूँ[2] ! जब से यह यहाँ है, तब से इसके

---

1. ऐसा एक बिस्तर उन दिनों था।

2. डियर माने प्यारा भी है, महँगा भी। वह प्यारा कहता है। यह महंगे बनते हैं। हिन्दी में अमूल्य का प्रयोग मैंने किया है। अमूल्य का अर्थ भी प्रिय होता है, और महँगा भी। वही भाव भी आ जाता है यद्यपि मूल की चुभन नहीं आती।

करीब दो हज़ार पाउण्ड ख़र्च हो गए हैं।

फेबियन : क्या लाजवाब चुनौती लिखेगा यह? आप यह तो नहीं चाहते कि पत्र अपने पते पर पहुँच ही जाए।

सर टोबी : अरे वाह, क्यों नहीं। मैं चाहता हूँ। मैं तो चाहता हूँ कि किसी तरह से भड़ककर वह नौजवान इसे मंज़ूर कर ले। बैल भी बर्त्तों से बाँधकर इन्हें आमने-सामने नहीं कर सकते। मैं शर्त बदता हूँ जो इस ऐण्डू में हिम्मत की एक बून्द भी हो! तुम उसके मरने के बाद उसकी चीरा-फाड़ी करा लो। जो एक भी बून्द मिल जाए तो मैं सारी लाश खाने को तैयार हूँ।

फेबियन : और उसका प्रतिद्वन्द्वी तरुण! उसमें भी कठोरता का कोई लक्षण नहीं दिखाई देता!

(मेरिया का प्रवेश)

सर टोबी : यह हमारी छोटी-सी चिड़िया आ गई।[1]

मेरिया : अगर आप चाहें कि हँसते-हँसते पेट में बल पड़ जाएँ, आँखों में पानी आ जाए तो मेरे साथ आएँ और अपने उल्लू मालवोलियो को देखें, जो इस समय बड़ा अधार्मिक बन गया है, क्योंकि सहज बुद्धि का साधारण ईसाई भी अच्छे-बुरे की इतनी तमीज़ रखता है कि कभी ऐसी अनहोनी ऊटपटांग बात पर भरोसा नहीं कर बैठता। उसने सचमुच पीले मोज़े पहन लिए हैं।

सर टोबी : तो आड़ी गेटिसें भी लगा ली होंगी?

मेरिया : निहायत बेहयाई से! ऐसा लगता है कि जैसे गिरजे के स्कूल का मास्टर हो! मैंने तो उस पर ऐसी लगातार आँख रखी है जैसे

---

1. इंग्लैण्ड में छोटी-सी रैन चिड़िया ९ अण्डे देती है। नवाँ सबसे कमज़ोर होता है। उससे जन्मी चिड़िया बहुत प्यारी और छोटी-सी होती है।

मैं उसकी हत्या करने का मौका देख रही होऊँ। वह जो मैंने उसे छलने को पत्र डाला था न, उसकी हर बात पर अमल कर रहा है। बड़ी देर तक मुस्कराता है; वह जो हिन्दुस्तान की खोज की यात्राओं का नया नक्शा बना है, उससे भी ज्यादा लकीरें पड़ती हैं उसके चेहरे पर! ऐसा तो आप लोगों ने क्या कभी कुछ देखा होगा! बमुश्किल रोकती हूँ अपने को, उस पर कुछ फेंककर मारने से। मुझे मालूम है, मालकिन ही मारेंगी उसे। वह नाराज़ होंगी, वह मुस्कराएगा, और समझेगा उस पर बड़ी कृपा हो रही है।

सर टोबी : चलो, जल्दी ले चलो हमें वहीं। दिल्लगी देखेंगे।

(प्रस्थान)

दृश्य 3

(पथ)

(सैबैस्टियन और एण्टोनियो का प्रवेश)

सैबैस्टियन : मैं कभी पसन्द नहीं करता कि तुम मेरे साथ मुसीबतें उठाते रहो, पर तुम तुले बैठे हो। अब तुम्हें डाँटकर, तुम्हारा बोझ हल्का करने की बजाय क्यों बढ़ाऊँ और?

एण्टोनियो : तुम जब चले आए तो मुझसे रहा न गया। तुम्हारे साथ रहने की मेरी इच्छा किसी तलवार की धार से पैनी हो गई। प्रेम ही सब कुछ न था। उसमें कुछ भय और शंका भी थी। प्रेम अकेला ही ऐसी लम्बी यात्रा के लिए काफ़ी था। मैंने सोचा, तुम परेदसी, अकेले बेआसरा कहाँ क्या करोगे? मुझे शंका हुई कहीं यहाँ के निवासी, जैसे अक्सर होता है, तुमसे क्रूरता से व्यवहार न कर बैठें। प्रेम को इन चिन्ताओं ने उकसाया और मैं तुम्हारे पीछे चल पड़ा।

सैबैस्टियन : मेरे प्रिय मित्र एण्टोनियो! मैं तुम्हें बार-बार धन्यवाद दिए जाऊँ, इसके अतिरिक्त और कर भी क्या सकता हूँ? मैं जानता हूँ ऐसी दया का उत्तर केवल आभार स्वीकृति के शब्दों द्वारा ही दिया जाता है, और इस प्रकार बिना मोल की वस्तु देकर ही इस अमूल्य देन को चुकाने का प्रयत्न लोग करते हैं, पर मैं ऐसा नहीं कर सकूँगा। किन्तु मेरे दृढ़ हृदय की भाँति यदि मेरी समृद्धि भी कभी दृढ़ हो गई, तो मैं बदला दूँगा। अब हम लोगों को करना क्या चाहिए? क्या हम लोग इस जगह की दिलचस्प और पुरानी चीज़ें देखने चलें?

एण्टोनियो : बेहतर होगा कि पहले कोई टिकने की जगह तलाश कर ली जाए, नगर कल देखा जाएगा।

सैबैस्टियन : पर रात होने में घण्टों हैं। मैं ज़रा भी नहीं थका हूँ। मेरे साथ आओ, मानो तो! अच्छी-अच्छी जगहों को देखकर मज़ा लूटें। और यह शहर तो पुराने स्मारकों के लिए प्रसिद्ध ही है।

एण्टोनियो : मुझे तो माफ़ ही करो, क्योंकि मैं यहाँ सड़कों पर ज़्यादा दिखा और ख़तरा मुझ पर झूला। कुछ दिन पहले ऐसा हुआ कि मैंने सफलता से ड्यूक ऑरसिनो का जहाज़ युद्ध में हराया था। और उसमें मैं ज़ाहिर हो गया और ऐसा कि चाहे कुछ भी दण्ड भरूँ, लेकिन अगर पकड़ा गया तो छोड़ा नहीं जाऊँगा।

सैबैस्टियन : लगता है तुमने उसके कई आदमी मार डाले!

एण्टोनियो : नहीं। ऐसा नहीं हुआ। वैसे मौके पर खून-ख़राबा तो हुआ ही था। लूट का बहुत कुछ माल लौटाने से काम बन सकता था, और व्यापार के नज़रिये से नगर के करीब-करीब सारे व्यापारी ऐसा करने को तैयार भी हो गए थे। मैं ही इनकार करके अड़ा रहा और अगर अब मैं पकड़ा गया तो कभी भी माफ़ नहीं किया जाऊँगा।

सैबैस्टियन : तब तो यही सबसे उचित होगा कि तुम प्रकट होने से

अधिकाधिक दूर रहो।

एण्टोनियो : हाँ, मुझे ऐसा ज़ाहिर निकल जाना ठीक न होगा। पर मुझसे अलग होने के पहले ठहरो। तुम मेरे रुपए ले जाओ। तब तक मैं जाता हूँ और हाथी नाम की सराय में भोजन भेजने को कह आता हूँ। सराय नगर की हद पर ही है, ठहरने के लिए अच्छी जगह। तुम शहर देखने में वक्त निकालना, अपना ज्ञान तरह-तरह की देखने योग्य वस्तुओं के निरीक्षण से बढ़ाना। जब तुम लौटोगे तो मुझे सराय में ही पाओगे।

सैबैस्टियन : पर मैं तुम्हारा धन क्यों लूँ?

एण्टोनियो : हो सकता है, कुछ खरीदने की तबियत आ जाए! और तुम्हारे पास इतना धन नहीं कि उसमें बेज़रूरत की चीज़ें ले सको!

सैबैस्टियन : अच्छी बात, है मंज़ूर? तुम्हारा धन ले लूँगा। और ज़रा घूम आऊँगा।

एण्टोनियो : याद रखना, सराय का नाम है—हाथी।

सैबैस्टियन : नहीं भूलूँगा। (प्रस्थान)

दृश्य 4

(ओलीविया का उपवन)

(ओलीविया का प्रवेश)

ओलीविया : मैंने उसे बुलवाया है और उसने मेरा निमन्त्रण स्वीकार कर लिया। अब मैं यह सोच रही हूँ कि जब वह आए तो मैं उसका स्वागत कैसे करूँ? क्या उपहार दूँ मैं उसे? तू जानती है, यौवन उधार और भीख से नहीं मिलता, खरीदा जाता है। अरे मैं कहीं बहुत ज़ोर से तो नहीं बोल रही! मेरिया! तूने मालवोलियो को देखा?

उसका गाम्भीर्य और धैर्य मेरी जैसी परिस्थिति के व्यक्ति के लिए नितान्त उपयुक्त है। वह है यहाँ?

मेरिया : श्रीमती! वह आता ही होगा मगर उसमें तो कुछ अजीब-सी बात हो गई। मुझे लगता है उसका दिमाग खराब है।

ओलीविया : क्यों? क्या बात है? क्या वह बकवास करता है?

मेरिया : नहीं मालकिन! लेकिन यह तो सिर्फ़ और बराबर मुस्कराया करता है। कुछ उसके दिमाग पर असर ज़रूर पड़ा है। आप उसे यहाँ बुलाएँ तो अच्छा हो, अपनी हिफ़ाज़त-करने को अपने पास ज़रूर रखें।

ओलीविया : अरे! खैर! बुला तो सही।

(मेरिया का प्रस्थान)

मेरे दिमाग पर असर है, उसीके क्या! क्या बुद्धि पर दुःख और आनन्द का एक-सा प्रभाव भी पड़ सकता है?

(मेरिया का मालवोलियो के साथ प्रवेश)

मालवोलियो! कैसे हो?

मालवोलियो : हा-हा! श्रीमती?

ओलीविया : अरे तुम बड़े खुश हो मालवोलियो! मैं तुमसे एक गम्भीर विषय पर बात करना चाहती थी।

मालवोलियो : हाँ श्रीमती! मैं भी गम्भीर हो जाता, लेकिन यह आड़ी गेटिसें घुटनों से होकर कमर के पीछे कस गई हैं, तो इससे मेरे खून के बहाव में कुछ रुकावट-सी पड़ती है, लेकिन जब तक इससे उसे खुशी होती है, जो इसे देखना चाहता है, मैं इस परेशानी की ज़रा भी परवाह नहीं करता। किसी कवि ने कहा है कि मेरी आँखों में जब तक, जिसे मैं प्रसन्न करना चाहता हूँ, वह खुश है, तो बस काफ़ी है। एक को खुश करके सबको खुश कर डाला।

ओलीविया : मालवोलियो! मामला क्या है? क्या बात है?

मालवोलियो : मेरे पाँव पीले हैं[1], पर दिमाग़ में स्याही नहीं। हाँ! वह मुझे मिला और हर आज्ञा का पालन तो करना ही होगा। वह इतालवी हाथ का लेख पहचाना, वह नाज़ुक लिखावट! क्या मुश्किल था!

ओलीविया : तुम जाकर सो जाओ मालवोलियो!

मालवोलियो : सोने चलना है! प्रिये!

ओलीविया : अरे! भगवान् इसकी रक्षा करे। यह मुस्कराना, यह हाथों का चूमना! इसका मतलब क्या है?

मेरिया : मालवोलियो! बात क्या हो गई?

मालवोलियो : सच! क्या कह दूँ? ठीक है। कभी तो कोयल को भी कौए को जवाब देना पड़ता है।

मेरिया : तुमने काउण्टेस के सामने इस तरह आने की हिम्मत कैसे की?

मालवोलियो : उच्च पद के लिए आकांक्षा करते हुए डरो मत। ठीक, बिलकुल ठीक।

ओलीविया : इस सबका मतलब क्या है जी?

मालवोलियो : कुछ जन्म से महान् होते हैं।

ओलीविया : होते हैं! हाँ तो!

मालवोलियो : कुछ को अपने प्रयत्नों से महानता प्राप्त होती है।

ओलीविया : तुम कह क्या रहे हो?

मालवोलियो : और कुछ वे हैं जो परिस्थितियों के कारण महान् बना दिए जाते हैं।

ओलीविया : अरे, इसकी तो अक़्ल बिगड़ गई!

मालवोलियो : मत भूलो किसने पीले मोज़ों की तारीफ़ की थी।

ओलीविया : तुम्हारे पीले मोज़ों की?

मालवोलियो : और किसने आड़ी गेटिसें देखनी चाहीं!

---

1. मोज़े पीले हैं न!

ओलीविया : आड़ी गेटिसें!

मालवोलियो : यदि नहीं तो वहीं, इसी हालत में रहो, जिसमें हो...

ओलीविया : मेरी किस्मत पर कहा ?

मालवोलियो : अन्यथा नौकर ही रहो!

ओलीविया : यह तो पागलपन की हद हो गई।

(नौकर का प्रवेश)

नौकर : मालकिन! काउण्ट ऑरसिनो के दरबार के तरुण लौट आए हैं। हालाँकि उन्हें लौटाकर लाने में मुझे काफ़ी मेहनत करनी पड़ी। बड़ी मुश्किल से आए हैं। वे आपकी प्रतीक्षा कर रहे हैं।

ओलीविया : मैं जाती हूँ (*नौकर का प्रस्थान*) मेरिया! इस आदमी की देख-भाल पर किसी को लगाओ! सर टोबी कहाँ है? देखना कोई इसकी ठीक से देख-रेख करे। इसे कोई नुकसान न हो जाए, पैसों की फ़िक्र नहीं है।

(ओलीविया और मेरिया का प्रस्थान)

मालवोलियो : ओह! हो! कितने पास आ रही है! अपने निकटस्थ सर टोबी को मेरी सेवा में लगाया है कि मेरा कोई नुकसान न हो। यही तो पत्र में भी लिखा था! अब मुझे उससे कठोरता और कड़ाई से पेश आना है, तभी तो वह मुझे ऐसा सुअवसर दे रही है। उसने लिखा था—''अपनी दीनता को छोड़ दो और मेरे एक रिश्तेदार के विरोध के लिए तैयार हो जाओ। अपने से नीचों पर कठोरता करो और तुम्हारे शब्दों में भारीपन, गाम्भीर्य और विचारशीलता भर जाए जो तुम्हारे गर्व को प्रकट करे!'' और अब वह मुझे रास्ता बता रही है कि मैं ऐसा कैसे करूँ? अब मुझे गम्भीर होना है और बड़े आदमियों की तरह चलना है, धीरे और नपे-तुले लफ़्ज़ों में बातें करनी हैं, और मुझे अपनी वेश-भूषा भी किसी बड़े आदमी की-सी बनानी है, और मैं...मैं, हे भगवान, तेरे प्रति कितना कृतज्ञ

हूँ। और अब भी जब वह गई है उसने कहा है : ''इस आदमी की देख-भाल पर किसी को लगाओ।'' नौकर तो नहीं कहा। मेरी इज़्ज़त रखी। आदमी, जैसे बराबर, वह है औरत। सारी बातें मुझे बढ़ावा दे रही हैं और इसमें अब क्या शक हो सकता है, कुछ रुकावट नहीं; क्या है जिस पर अविश्वास किया जाए! और मुझे चाहिए भी क्या? अब मेरे और उसके बीच में कोई बाधा नहीं। प्रेम का देवता ही यह कहनेवाला है, मैं नहीं : और उसी का लाख-लाख धन्यवाद है।

(मेरिया का सर टोबी और फेबियन के साथ प्रवेश)

सर टोबी : कहाँ है वह, बताओ, भगवान् के लिए बताओ। यदि अन्धकार के सारे प्रेत इकट्ठे कर दिए जाएँ तो वह मालवोलियो है, मैं उससे बातें तो करूँ।

फेबियन : देखिए! वह रहा। क्या हाल है जी? अच्छे तो हो?

मालवोलियो : चले जाओ! मैं तुमसे कुछ भी नहीं कहना चाहता। मुझे एकान्त चाहिए। चले जाओ!

मेरिया : अरे! इसकी आवाज़ में शैतान का सुर बोल रहा है। मैंने कहा था न? सर टोबी! मालकिन ने कहा है आप इसकी देखभाल करें।

मालवोलियो : आह! हा! कहा था उसने!

सर टोबी : बस-बस! धीरे-धीरे। हमें इससे स्नेह से व्यवहार करना चाहिए। देखो मैं सब ठीक करता हूँ। कहिए जनाब? क्या हाल है? मिज़ाज तो ठीक है? हिम्मत रखो दोस्त! शैतान को धता बताओ, उससे दबो मत! वर्ना वह तो तुम्हें नुकसान ही पहुँचाएगा।

मालवोलियो : क्या तुम समझते भी हो कि क्या कह रहे हो?

मेरिया : यह लीजिए! आपसे शैतान की सुनकर बोलता कैसा है। भगवान् न करे आप पर भी जादू कर दे कोई। काउण्टेस को मैं छोड़ दूँगी तो क्या उनका दुःख उनके शब्दों में समा सकेगा?

मालवोलियो : आह! श्रीमती!

मेरिया : हे भगवान्!

सर टोबी : शान्त रहो। मैं तुमसे प्रार्थना करता हूँ। उससे व्यवहार ऐसे नहीं करना है। देखती नहीं हो, वह तुमसे गुस्सा हो रहा है। इससे तो मुझे बात करने को छोड़ दो।

फेबियन : हाँ, इससे नरमी से बर्ताव करना चाहिए। धीरे। देखती हो न शैतान कितना भड़क रहा है, इससे तो ज़रा और ही ढंग से पेश आना है।

सर टोबी : कहो। क्या मामला है उस्ताद!

मालवोलियो : जी!

सर टोबी : चलो दोस्त! चलो! अमाँ कहीं शैतान से याराना किया जाता है? मारो गोली उसे! काला चोर है वह!

मेरिया : सर टोबी, देखिए इससे प्रार्थना कराइए न किसी तरह!

मालवोलियो : क्या कहा री! प्रार्थना और मैं!

मेरिया : मुझे तो यक़ीन था यह अच्छाई की बात तो सुन ही न सकेगा!

मालवोलियो : जा-जा! लटक जा फन्दा डाल कर! चले जाओ काहिलो! मैं तुम लोगों में से नहीं हूँ। अब कुछ ऐसा होनेवाला है कि तुम दाँतों तले उँगली दबा लोगे। (प्रस्थान)

सर टोबी : अरे क्या सचमुच यह सिड़ी हो गया?

फेबियन : मैं कहता हूँ ऐसी घटना कहीं किसी नाटक में दिखाई जाती तो उसे अतिशयोक्ति में डाला जाता।

सर टोबी : यह तो दिल-दिमाग़-जिस्म, सब गुम! क्या धोखा खाया है!

मेरिया : अरे अभी मत छोड़ो। कहीं जोश उतर न जावे वर्ना मज़ा न रहेगा!

फेबियन : तो सचमुच पागल कर दें इसे!

मेरिया : घर में तो अमन हो जाएगा।

सर टोबी : मैं बताऊँ, ऐसा करो! उसे एक अँधेरे कमरे में बन्द करके बाँध छोड़ें। मेरी भतीजी को तो यक़ीन है ही कि वह पागल है। मज़े में ऐसा कर सकते हैं, तब तक जब तक यह अपने पापों का दण्ड भोगता है। मज़ा रहेगा। बाद में, जब हम ऊब जाएँगे, हम रहमदिली दिखाएँगे और उसकी योजना का बाकी हिस्सा पूरा करने को छोड़ देंगे। इसका सेहरा तुम्हारे सिर बाँधेंगे कि तुमने पागल को पहचाना। लेकिन देखो, कौन आ रहा है?

(सर ऐण्डू एग्यूचीक का प्रवेश)

फेबियन : यह और दिल्लगी का मसाला आ रहा है।

सर ऐण्डू : मैंने चुनौती लिख ली है। यह रही। पढ़ो, ऐसी तीखी-चटपटी है जैसे सिरका, नहीं, नहीं लाल मिर्च!

फेबियन : इस क़दर झपाटा है इसमें?

सर ऐण्डू : देखो तो सही, पढ़ते ही पता चल जाएगा।

सर टोबी : देखूँ। *(पढ़ता है।)* नौजवान तू कोई हो, लेकिन तू है एक लुच्चा!

फेबियन : शाबाश! शुरू में ही कितना दम है।

सर टोबी : *(पढ़ता है।)* इस पर मत चौंक कि मैंने तुझे यह नाम दिया, न चकरा! क्योंकि मैं तुझे यह नहीं बताऊँगा कि मैंने ऐसा क्यों किया?

फेबियन : कमाल! लाजवाब! क्या अक़्लमन्दी है कि कानून की पकड़ से साफ़ किनारा कर दिया।

सर टोबी : *(पढ़ता है।)* तू बराबर काण्उटेस के पास आता है और वह मेरी मौजूदगी में तुझ पर अपनी मेहरबानी दिखाती है, लेकिन यह मत कह कि मैं तुझे इसलिए चुनौती देता हूँ।

फेबियन : क्या मुख़्तसिर है, बिलकुल मतलब की बात! वाह!

सर टोबी : *(पढ़ता है।)* जब तू लौटेगा मैं तुझे घेरूँगा और अगर मौका

लग गया कि तू मार डाले मुझे...

फेबियन : क्या बात है!

सर टोबी : *(पढ़ता है।)* तो तू मुझे एक लुच्चे और बदमाश की तरह मार डालेगा।

फेबियन : कमाल है कि कानून की पकड़ को अब भी दूर रखा गया है।

सर टोबी : *(पढ़ता है।)* विदा! हम दोनों में से एक पर भगवान् दया करे। जहाँ तक ख़याल है उसका रहम मुझ पर होगा, क्योंकि मेरे मौके तुझसे ज्यादा जमते हैं। लिहाज़ा अपना ध्यान रखना। तुम्हारा दोस्त, जैसा कि तू उसे बताता है, और तेरा पक्का दुश्मन—ऐण्डू एग्यूचीक!

अच्छा! अगर वह इसे पढ़कर भी नहीं लड़ता तो समझ लो उसकी टांगों में ज़ोर नहीं। अब मैं ऐसा करता हूँ कि उसे यह पर्चा मिल जाए।

मेरिया : बस! मौका अच्छा है, क्योंकि वह जवान इस वक्त किसी काम से काउण्टेस के पास आया हुआ है और अभी लौटता होगा।

सर टोबी : सर ऐण्डू! चलिए बाग में कोने से उसके आने पर नज़र रखिए। ज्योंही मौका मिले, और आप उसे देखें, तलवार खींच लीजिए और तलवार खींचते हुए उसे ज़ोर से ललकारिए क्योंकि ज़ोरदार कसम के तड़तड़ाते लफ़्ज़ जब धनुष की डोरी की तरह गूँजते हैं तो मर्द की बहादुरी की वह आब देते हैं कि बस ऐसी, कि ऐसी...कि उसमें उतनी तो कभी होती ही नहीं। बस चलिए।

सर टोबी : नहीं। कसम तो मैं अकेला ही खाऊँगा। **(प्रस्थान)**

सर टोबी : इस ख़त को अब देने की जगह अपने पास रख लूँ, क्योंकि वह नौजवान देखकर ही पढ़ा-लिखा और ऊंचे घराने का लगता है। इ्यूक और श्रीमती ओलीविया ने जो उसे इतना विश्वास-पात्र

बनाया है, साफ़ ज़ाहिर करता है कि मेरी बात ठीक है। वह ज्योंही यह खत पढ़ेगा, वह समझ जाएगा कि किसी बेबकूफ़ ने लिखा है, जिसमें ज़रा भी अक्ल नहीं। उस पर तो इसका कुछ भी असर नहीं पड़ेगा। वह इससे क्या डर सकता है? मैं ऐसा करूँ कि यह चुनौती मुँहज़बानी पहुँचा दूँ और सर ऐण्डू की बहादुरी बढ़ा-चढ़ा कर बयान करूँ। नौजवान इस पर भरोसा कर लेगा और उसे सर ऐण्डू की बहादुरी, जोश, होशियारी और हुनर का यक़ीन हो जाएगा, वह डर जाएगा। और तब दोनों एक-दूसरे से बहुत डरेंगे और यह हालत हो जाएगी कि एक-दूसरे की नज़र से ही उनकी जान निकलने लगेगी।

फेबियन : वह तो मालकिन के साथ नौजवान आ रहा है। अब रास्ते से हटना चाहिए। फिर इसका पीछा करेंगे।

सर टोबी : तब तक मैं ज़रा सोच लूँ कि भयानक से भयानक ढंग से यह सन्देश पहुँचाऊँ।

(सर टोबी, फेबियन और मेरिया का प्रस्थान)

(ओलीविया और वायोला का प्रवेश)

ओलीविया : मैंने एक पत्थर दिल से कितना कुछ न कह दिया और बिना झिझक के अपनी इज़्ज़त को भी तुम्हारे रहम के क़दमों पर डाल दिया। मैं जानती हूँ यह मेरे लिए ठीक नहीं है। मेरा दिल कहता है, लेकिन वह भूल मुझे कितनी अच्छी लगती है और इसे दुहराने की इच्छ कितनी सशक्त है कि कोई भी तिरस्कार मेरा मन नहीं फेरता।

वायोला : तो अपनी अनुभूतियों में मेरे स्वामी की व्यर्थ चाहना और वेदना की झलक देखो न?

ओलीविया : मेरी यह भेंट तो स्वीकार कर लो! यह रत्न पहन लो। देखो मेरा चित्र है। इसके तो जीभ भी नहीं कि बोलकर तुम्हारा

गुस्सा बढ़ाए। कल आना ज़रूर! जो चाहे मुझसे माँग लेना, मैं कुछ भी मना नहीं करूँगी।

वायोला : एक ही प्रार्थना है कि तुम ड्यूक ऑरसिनो से प्रेम करो।

ओलीविया : मैं अपने सम्मान सहित उन्हें क्या दूँ जो तुम्हें दे ही चुकी।

वायोला : मैं क्या दावा करता हूँ?

ओलीविया : कल आओगे न? विदा। तुम जैसा शैतान मेरी आत्मा को नरक में भी ले जाए तो मुझे इन्कार नहीं। (प्रस्थान)

(सर टोबी बैल्च और फेबियन का प्रवेश)

सर टोबी : श्रीमान्! भगवान् आपकी रक्षा करे।

वायोला : आपकी भी श्रीमान्।

सर टोबी : नौजवान! जैसे भी कर सको अपनी हिफ़ाज़त करो! मैं नहीं जानता तुम्हारा क्या नुकसान न हो जाएगा! लेकिन एक सामन्त है जो उपवन की सीमा पर तुम्हारी प्रतीक्षा कर रहा है, क्रोध और विकराल प्रतिहिंसा से भरा हुआ। अपनी तलवार म्यान से निकाल लो और उससे दो-दो हाथ करने को तैयार हो जाओ क्योंकि तुम्हारा प्रतिद्वन्द्वी बड़ा चतुर और चुस्त है, और तलवार तो उसके हाथ में गज़ब ढाती है।

वायोला : मुझे विश्वास है आप भूल कर रहे हैं क्योंकि मुझसे झगड़ने का किसी को कारण ही क्या हो सकता है? मैंने कभी किसी का बुरा किया हो, मुझे तो ऐसा याद ही नहीं आता!

सर टोबी : अजी यह बात नहीं है, मैं बताता हूँ। जीवन का मूल्य है तो सावधान हो जाओ। उसमें शक्ति है, यौवन का आवेश है और क्रोध ने तो उसे भड़का दिया है।

वायोला : मैं प्रार्थना करता हूँ श्रीमान्! बताइए न? वह कौन आदमी है?

सर टोबी : वह सर है, युद्धभूमि में नहीं, युद्धभूमि में चले किसी खड्ग के कारण नहीं। पर झगड़े में तो वह बड़ा ही बदनाम है। उसने

द्वन्द्वयुद्ध में तीन आदमियों को मारा है और इस वक्त तो वह इतना क्रुद्ध है और ऐसा भयानक हो उठा है कि जो कुछ भी हो, अपने शत्रु की हत्या किए बिना उसे क्या चैन आ सकता है?

वायोला : मैं श्रीमती ओलीविया के पास जाता हूँ और रक्षा का प्रबन्ध करने को कहूँगा। मुझे द्वन्द्वयुद्ध और झगड़े पसन्द नहीं। यह सच है, मैं जानता हूँ, कुछ लोग अपनी बहादुरी दिखाने को दूसरे से जबरन लड़ जाते हैं। यह आदमी ऐसा ही लगता है।

सर टोबी : नहीं नौजवान! वह तो इस वजह से नाराज़ है कि तुमने उसका भारी नुकसान किया है। आगे बढ़ो और उससे मिलो। वह तो चाहता ही यह है। मैं तुम्हें लौटने नहीं दे सकता, अगर लौटते हो तो पहले मैं तुमसे लड़ूँगा और मुझे भी उससे कम खतरनाक न समझना। बढ़ो! आओ, मुझसे लड़ो और आज़मा लो! हम दोनों में से एक से तो लड़ना ही पड़ेगा तुम्हें! सच मानो! या फिर यह मान लो कि तुम तलवार लिए फिरने के क़ाबिल नहीं!

वायोला : क्या अजीब और बेहूदा बात है। मेहरबानी करके उस सामन्त से मेरी खातिर यह तो पूछिए कि वह मुझसे ख़फ़ा क्यों है? कोई ऐसी बात ज़रूर होगी जिसे मैं नहीं जानता, मैंने तो इरादतन कुछ किया नहीं।

सर टोबी : अच्छी बात है। ऐसा तो मैं कर सकता हूँ। आप इनको देखते रहें फेबियन साहब! तब तक मैं आता हूँ। **(प्रस्थान)**

वायोला : भाई, यह क्या मामला है, जानते हो तो बताओ न?

फेबियन : मैं तो इतना जानता हूँ कि सामन्त आपसे बिगड़ बैठा है और जानी दुश्मन हो गया है, और कुछ नहीं जानता।

वायोला : वह है कैसा?

फेबियन : देखने से तो आप सोच भी नहीं सकते कि लड़ाई में यह ऐसा हो जाएगा। श्रीमान्! आपका वह प्रतिद्वन्द्वी बड़ा खूनी-खतरनाक

और चालाक है कि आपने तो ऐसा आदमी काहे को देखा होगा। उसकी तरफ़ चलें? मैं तो कोशिश करूँगा कि आपकी-उसकी सुलह हो जाए! जहाँ तक भी होगा यही करूँगा।

वायोला : अगर ऐसा करो तो मैं बड़ा कृतज्ञ होऊँगा। मैं इसकी चिन्ता नहीं करता कि मेरे ये विचार कोई सुनकर क्या कहेगा। मैं शान्ति चाहने वाला आदमी हूँ और सैनिकों में गिना जाने की बजाय पादरियों में मेरी गिनती हो, यही पसन्द करता हूँ।

(दोनों का प्रस्थान)

(सर टोबी और सर ऐण्डू का प्रवेश)

सर टोबी : मैं आपसे कहता हूँ, यह नौजवान तो एक ख़ौफ़नाक शैतान है। मैंने ऐसा गुस्सैल आज तक नहीं देखा। अभी म्यान में ही तलवारें थीं कि उसने ऐसा हाथ दिया मेरे कि बमुश्किल बचा और पलटकर तो वह अचूक चोट करता है। सुना है वह फ़ारस के शाह को तलवार चलाना सिखाता था।

सर ऐण्डू : लाहौल! मुझे उससे क्या?

सर टोबी : ऐं! मगर वह कब शान्त होगा अब? फेबियन क्या उसे तुम पर झपटने से ज़्यादा देर रोक सकता है?

सर ऐण्डू : उफ़! महरबा! मुझे अगर सपने में भी यह गुमान होता कि इस क़दर खतरनाक और बहादुर दुश्मन है तो काहे को मैं उसे चुनौती देता! ऐसा नहीं हो सकता कि वह तरह दे जाए। मैं उसे अपना घोड़ा भेंट में दे दूँगा।

सर टोबी : मैं प्रस्ताव पहुँचा देता हूँ। आप यहीं ठहरें। हिम्मत रखिए, ऐसे लगिए जैसे गुस्से में हैं। बिना झगड़े के ही मामला रफ़ा-दफ़ा हो जाएगा। *(स्वगत)* अरे अब मैं तुम्हारे घोड़े पर चढ़ूँगा, जैसे अब तक तुम्हारे सर पर सवार रहा हूँ।

(फेबियन और वायोला का प्रवेश)

(फेबियन से) उसने मुझे झगड़ा रोकने को घोड़ा दिया है। मैंने उसे इस जवान के शैतान होने का यक़ीन दिला दिया है।

फेबियन : यह भी बुरी तरह डर गया है, स.फ़ेद पड़ गया है, हाँफ रहा है, जैसे इसके पीछे जंगली जानवर दौड़ रहे हों!

सर टोबी : *(वायोला से)* वह तो आपको छोड़ने को राज़ी नहीं होता। तुला बैठा है लड़ने पर। लेकिन झगड़ा देखते हुए वह इस नतीजे पर पहुँचा है कि मामला उतना बड़ा नहीं है, जितना पहली नज़र में लगा था। अब तो कहता है कि महज़ अपने ल.फ्ज़ों को निभाने के लिए वह तुमसे लड़ेगा। निकाल लो तलवार! वह तुम्हारा कोई नुकसान नहीं करेगा।

वायोला : *(स्वगत)* हे भगवान्! मुझे बचाओ! अब कब तक छिपाऊँ कि मैं एक स्त्री हूँ।

सर टोबी : सर ऐण्डू! आइए! आगे आइए! ये नहीं मानते। कहते हैं बस एक ही हाथ होगा, इज़्ज़त का सवाल ही जो ठहरा। द्वन्द्वयुद्ध के नियम ही जो हैं। लेकिन इन्होंने वचन दिया है कि यह आपकी कोई हानि नहीं करेंगे, आइए शुरू करिए।

सर ऐण्डू : हे भगवान्! ऐसा कर कि यह अपने वचन से न पलट जाए।

वायोला : मैं कहता हूँ, मेरी बिलकुल इच्छा नहीं है। *(तलवार खींचती है।)*

(एण्टोनियो का प्रवेश)

एण्टोनियो : तलवार म्यान में रख लो। अगर इस नौजवान ने तुम्हारा कुसूर किया है तो जुर्म को मैं अपने ऊपर लेता हूँ, अगर तुम्हीं इसके मुजरिम हो, तो इसकी बजाय मैं तुमको बदले की चुनौती देता हूँ।

(अ.फ़सरों का प्रवेश)

सर टोबी : ओह हो! जनाब की तारी.फ़!

फेबियन : ठहरिए! ठहरिए! सर टोबी! न्याय के रक्षक अफ़सर इधर आ
रहे हैं।

(तलवारें खींचते हैं)

सर टोबी : मैं तुम्हें अभी देख लेता हूँ।

वायोला : श्रीमान्! तलवार, मेरी प्रार्थना है, म्यान में रखें।

सर टोबी : बहुत अच्छा श्रीमान्! मैंने वचन दिया था अब यही करूँगा।
और जो भेंट मैंने आपको दी है वह आपके खूब काम आनेवाली
है। बड़ा अच्छा है।

(अफ़सरों का प्रवेश)

पहला अफ़सर : यह रहा। अपनी ड्यूटी को अंजाम दो।

दूसरा अफ़सर : एण्टोनियो! हम ड्यूक की आज्ञा से तुम्हें गिरफ्तार करते हैं।

एण्टोनियो : तुम निहायत गलती कर रहे हो!

पहला अफ़सर : जी नहीं जनाब! मैं आपकी सूरत खूब पहचानता हूँ।
हालाँकि आप अब जहाज़ी की वेश-भूषा में हैं। ले चलो जी इसे।
यह जानता है कि मैं इसे पहचान रहा हूँ।

एण्टोनियो : मैं आज्ञा मानने को विवश हूँ। *(वायोला से)* तुम्हें ढूँढते हुए
यह नतीजा मिला। लेकिन और कोई चारा भी नहीं था। मैं तो भुगत
ही लूँगा। पर अब तुम क्या करोगे, क्योंकि न सिर्फ़ मैं तुम्हें छोड़ने
को मजबूर हूँ, बल्कि तुमसे अपना धन माँगने को भी हो गया हूँ।
अपनी गिरफ्तारी से ज्यादा चिन्ता मुझे तुम्हें इस हालत में छोड़ने
से होती है। तुम तो इस तरह हक्के-बक्के खड़े हो? हिम्मत रखो!

दूसरा अफ़सर : चलिए सा'ब। हो गया।

एण्टोनियो : मुझे कुछ धन तो लौटा दो।

वायोला : अरे कैसा धन भाई! यह जो तुमने झगड़े में मेरी मदद की
इसके लिए और फिर तुम मुसीबत में पड़ गए हो इसलिए भी मैं
तुम्हें ज़रूर धन दूँगा पर मेरे पास बहुत थोड़ा है। जो है उसका

आधा तुम्हें दे देता हूँ।

एण्टोनियो : यह कैसे हो सकता है कि तुम ऐसे वक्त मुझसे इन्कार कर सको। क्या तुम्हारे प्रति जो मैंने किया है उससे तुम इतना ही कर पाओगे ? मेरे दुःख को इतना न बढ़ाओ, अन्यथा मुझे अहसानों को याद दिलाने के कमीनेपन पर उतर आना पड़ेगा।

वायोला : सच! मुझे तो एक भी याद नहीं आता! न मैं तुम्हें जानता हूँ; तुम्हारी आवाज़ कभी सुनी हो, या तुम्हारा चेहरा कहीं देखा हो, ऐसा भी याद नहीं आता। यह मेरी प्रकृति में नहीं कि अकृतज्ञ बनूँ। मुझे कृतघ्नता से घृणा है। उसे मैं झूठ, गर्व, वाचालता, नशा करना और मनुष्यों को सम्भवनीय सारे अपराधों से अधिक नीच समझता हूँ।

एण्टोनियो : ओह भगवान्! सुन ले!

दूसरा अफ़सर : चलो! चलते हो या नहीं ?

एण्टोनियो : मुझे दो बातें कहने दो बस। मैंने इस नौजवान को, देखते हो न तुम इसे, अधमरा था, तब मौत के जबड़ों से निकाला था। पूरी मुहब्बत से मैंने इसे ठीक किया, पूजा की इसकी बिना किसी हिचक के। इसकी खूबसूरत शक्ल जैसा ही इसका मन समझा था मैंने।

पहला अफ़सर : पर हमें इस सबसे क्या ? वक्त निकला जा रहा है, चलो।

एण्टोनियो : धिक्कार है। मेरा आराध्य एक व्यर्थ की मूर्ति ही प्रमाणित हुआ। सैबैस्टियन! तेरी नीचता ने तेरे रूप को भी शर्म से ढक दिया। बाहर का रूप कुछ नहीं होता, यदि मन पवित्र और अच्छा हो, तो कुरूप भी सुन्दर है, ग्राह्य है। जिसका मन निष्ठुर है, वही वास्तव में कुरूप है। सद्गुण ही सौन्दर्य है, किन्तु रूपमय कुटिल पाप क्या है, एक पोला पेड़, जिसे शैतान ने बाहर से इतना अलंकृत कर दिया है।

पहला अफ़सर : इसकी अक्ल गुम होती जा रही है। ले चलो इसे। चलो जी।

एण्टोनियो : तो चलो फिर।

(अफ़सरों के साथ एण्टोनियो का प्रस्थान)

वायोला : उसकी बात में कितनी दिल की आवाज़ थी, ऐसा लगता है यह कुछ सच कह रहा था। उसने मेरी मदद की ज़रूर होगी, जिससे मैंने इन्कार कर दिया। ओह! कितना अच्छा हो जो यह सच हो कि उसने मुझे गलती से मेरा भाई समझ लिया है।

सर टोबी : सर ऐण्डू और फेबियन! हम कुछ बुद्धिपूर्ण बातें कर लें।

वायोला : उसने नाम लिया था सैबैस्टियन! दर्पण में देखने पर तो बिलकुल अपने भाई की-सी ही मेरी शक्ल है। मेरा उसका चेहरा, कितने मिलते हैं दोनों! और मैंने कपड़े भी उसके से ही पहन रखे हैं! उसके वस्त्रों का रंग और ढंग मैंने अपनाया था। ओह! काश यह सचमुच ठीक हो, तो वह तूफ़ान, वह आँधी, वह समुद्र, सब ही मेरे लिए बहुत दयालु थे। (**प्रस्थान**)

सर टोबी : यह तो बड़ा धोखेबाज़ लड़का है। खरगोश से भी डरपोक! अगर तुम्हें इसकी धोखेबाज़ी का सबूत चाहिए तो देखो न, यह अपने दोस्त को मुसीबत में देख पहचानने से मुकर गया, और अगर तुम्हें उसके डरपोक होने का सबूत चाहिए तो फेबियन से पूछो।

फेबियन : बिलकुल ठीक कहा आपने। इसमें तो हिम्मत ही नहीं।

सर ऐण्डू : हे भगवान्! मैं इसका पीछा करूँगा और इसकी कस करके पिटाई करूँगा।

सर टोबी : तुम इसे खूब ठोंकना पर तलवार का इस्तेमाल न करना।

सर ऐण्डू : अगर न मारूँ तो...(**प्रस्थान**)

फेबियन : चलिए, अब हम नतीजा देखने चलें।

सर टोबी : मैं शर्त बदलता हूँ। नतीजा कुछ नहीं निकलेगा।

(प्रस्थान)

चौथा अंक

दृश्य 1

(ओलीविया के घर के सामने की सड़क)
(सैबैस्टियन और विदूषक का प्रवेश)

विदूषक : क्या आप मुझे यकीन दिलाना चाहते हैं कि मेरी मालकिन ने
मुझे आपको बुलाने को नहीं भेजा है?

सैबैस्टियन : अरे चलो हटो! तुम बेवकूफ़ आदमी हो। मेरा पीछा छोड़ो।

विदूषक : खूब! आप तो जमे हुए खिलाड़ी निकले। मैं आपको नहीं
जानता, मेरी मालकिन ने आपको नहीं बुलाया कि आप उनसे
चलकर बात करें! आपका नाम भी श्रीमान् सिज़ैरियो नहीं है?
और देखते हैं, यह है न, यह मेरी नाक भी नहीं है। जो-जो कुछ
है, वह अब वह नहीं है।

सैबैस्टियन : शान्त! अपनी बेवकूफ़ी का जोश कहीं और जाकर निकाल
लो। हम दोनों एक-दूसरे को बिलकुल नहीं जानते।

विदूषक : बेवकूफ़ी का जोश! ज़रूर किसी बड़े आदमी के मुँह से सुनकर
रटी हुई बात है और अब एक विदूषक पर लागू की गई है! ऐसा
लगता है यह दुनिया अब एक मग़रूर इन्सान की शक्ल में बदल

जाएगी। बस, चलो नौजवान, अब बनना छोड़ो और मुझे यह
बताओ कि मैं काउण्टेस को क्या जवाब दूँ! कह दूँ तुम आओगे?

सैबेस्टियन : अरे मैं कहता हूँ जाओ! अच्छा यह पैसे ले लो उल्लूदास!
मुझे छोड़ो! मगर अब रुके तो समझ लो मुझसे बुरा कोई न होगा।

विदूषक : कसम से, बड़े दरियादिल हैं आप तो! अगर अक्लमन्द लोग
इसी तरह हम लोगों को अरसे तक देते रहते हैं तो बड़ा अच्छा
नाम कमा लेते हैं।

(सर ऐण्डू का प्रवेश)

सर ऐण्डू : अच्छा आप फिर मिल गए। लीजिए, यही आपके लिए ठीक
है।

(सैबैस्टियन को मारता है।)

सैबैस्टियन : अच्छा, और तुम्हारे लिए यह है, लो, और लो, और लो...
क्या सबके सब पागल हैं?

(ऐण्डू को मारता है।)
(सर टोबी और फेबियन का प्रवेश)

सर टोबी : ठहर जाओ, वर्ना मैं तुम्हारा शस्त्र छीन लूँगा।

विदूषक : मैं अभी मालकिन से सीधे जाकर सब कहता हूँ। वह सुन लेगी
तो मैं किसी कीमत पर भी आप लोगों के साथ नहीं रह सकूँगा।

(प्रस्थान)

सर टोबी : रुकिए जनाब! रुक जाइए।

सर ऐण्डू : छोड़ दो उसे, सर टोबी, बीच में न आओ। मैं दूसरी तरह से
इससे बदला निकाल लूँगा। इसने हमला किया है, मैं इसे कचहरी
में खींचूँगा, अगर इलिरिया में कोई कानून भी है तो देख लूँगा।
इससे क्या होता है कि मैंने इस पर पहले हमला किया था।

सैबैस्टियन : अरे हाथ छोड़ो।

सर टोबी : छोड़ना कैसा! तलवार म्यान में करो। काफ़ी चला ली।
भीतर-भीतर!

सैबैस्टियन : अरे तो क्या मैं छुड़ा न पाऊँगा। (*छूट जाता है*) बोलो अब क्या करोगे ? और मत बोलना, क़सम से वर्ना, तुम भी तलवार खींच लो।

सर टोबी : क्या कहा ! अब तो मुझे तुम्हारा तोला-दो-तोला गर्म-गर्म खून बहाना ही पड़ेगा।

(तलवार खींचता है।)

(ओलीविया का प्रवेश)

ओलीविया : रोक दो। टोबी ! मैं आज्ञा देती हूँ। अगर जान प्यारी है तो रुक जाओ !

सर टोबी : श्रीमती ?

ओलीविया : तुम्हारी यह हालत ! ओ कृतघ्न अधम ! तुम तो जंगलों और पहाड़ों में रहने योग्य बर्बर हो जहाँ सब ही असभ्य होते हैं। निकल जाओ मेरी आँखों के सामने से ! प्रिय सिज़ैरियो ! बुरा न मान जाना। चले जाओ, हुश ! तुम लोग !

(सर टोबी, ऐण्डू और फेबियन का प्रस्थान)

ओलीविया : प्रिय मित्र, शान्त हो जाओ। विवेक से ही क्षमा कर दो। अपना भावावेश त्याग दो, यह क्रूर और असभ्य व्यवहार भूल जाओ। मेरे साथ मेरे घर में चलो और तुम्हें मैं बताऊँगी कि यह लुच्चा किस तरह हरामख़ोरी करता हुआ रोज़ नई परेशानियाँ और झगड़े खड़े किया करता है ! तुम्हें तो सुनकर हँसी आ जाएगी। चलो न, मना मत करो। लानत है उसकी रूह को ! मुझे क्या कम बुरा लगा है ? यह तुम पर हमला नहीं, मेरे दिल पर हुआ है।

सैबैस्टियन : इसका मतलब ! क्या हो रहा है ये ! क्या मेरी अक़्ल खराब हो गई है, या मैं सपना देख रहा हूँ ! या मेरी कल्पना का साम्राज्य छा गया है, मेरा तर्क कहाँ गया ? यदि यह स्वप्न है तो इसमें से कभी भी न जागूँ।

ओलीविया : आओ न ? मैं विनती करती हूँ। काश, तुम मेरी बात

मान लेते!

सैबैस्टियन : मानूँगा श्रीमती।

ओलीविया : आह! फिर कहो, सच यही होगा। (**प्रस्थान**)

दृश्य 3

(**ओलीविया के घर का कमरा**)
(**मेरिया और विदूषक का प्रवेश**)

मेरिया : देखो, जल्दी से यह चोगा पहनकर यह दाढ़ी लगा लो। उसे यह विश्वास दिलाओ कि पादरी सर टोपाज़ हो। जल्दी करो। मैं सर टोबी को बुला लाती हूँ।

विदूषक : मैं पहनता हूँ और इस दौरान मैं अपना पार्ट भी दुहरा लेता हूँ। मुझे यक़ीन है कि मुझसे पहले कितने लोग जिन्होंने चोगे पहने हैं, ऐसे ही दुरंगे लोग रहे हैं। काश मैं ज़रा और लम्बा होता तो इस पद के उपयुक्त होता और ज़रा और दुबला होता, तो एक अध्ययनशील पादरी मालूम देता। जो हो, अरे सच्चा और अतिथि-सत्कार करनेवाला व्यक्ति भी एक विद्वान जैसा ही समझा जाता है। लो सारे षड्यन्त्रकारी आ पहुँचे।

(**सर टोबी और मेरिया का प्रवेश**)

सर टोबी : श्रीमान् पादरी साहब! ईश्वर आपकी रक्षा करे।

विदूषक : नमस्कार सर टोबी! आप ठीक कहते हैं, मैं अब श्रीमान् पादरी साहब ही हूँ, जैसे प्राहा नगर के साधु ने जिसने कभी क़लम और दवात तक नहीं छुई थी, राजा गोरबोडुक की भतीजी से बड़ी चतुरता से कहा, ''अब जो कुछ भी हो, जो है, सो है।'' तो मैं भी हो गया पादरी साहब, जी हाँ पादरी साहब! क्योंकि जो है न? वह है, सो, वह जब है, तो है।

सर टोबी : सर टोपाज़! चलिए उससे बातें तो करिए।

विदूषक : अरे ! कौन बन्द है यहाँ। भगवान् उसको शान्ति दे !

सर टोबी : यह बदमाश तो खूब अभिनय करता है। कमाल का बदमाश है।

मालवोलियो : *(भीतर से)* कौन है ?

विदूषक : सर टोपाज़, पादरी, जो पागल मालवोलियो से मिलने आया है।

मालवोलियो : सर टोपाज़ ! सर टोपाज़ ! हे श्रेष्ठ सर टोपाज़ ! मेरी श्रीमती को ख़बर दे दो !

विदूषक : ओ भयानक शैतान ! इस पर से निकल ! तू इसे कैसे सता रहा है। उतर रे भूत ! उतर ! तुझे स्त्रियों के सिवाय बात करने को कुछ सूझता ही नहीं ?

सर टोबी : ठीक कहा पादरी साहब !

मालवोलियो : सर टोपाज़ ! कभी भी इंसान के साथ ऐसा जुल्म नहीं हुआ। हे श्रेष्ठ सर टोपाज़ ! मुझे पागल मत समझिए। इन्होंने मुझे इस जघन्य अन्धकार में डाल दिया है।

विदूषक : निकल, निकल बेईमान, शैतान ! उतर इसके सिर से। मैं दयालु व्यक्ति हूँ तभी तुझे दुर्वचन नहीं कहता। तू इस जगह को अंधेरे से स्याह करता है ?

मालवोलियो : सर टोपाज़ ! यह तो नरक है नरक !

विदूषक : अरे इसकी ऊपरी खिड़कियाँ तो मुझे किसी क़िले की दीवार सी दीख रही हैं। चमकदार आबनूस की लकड़ी-सी उत्तर और दक्षिण की खिड़कियाँ उजालेदार हैं, और फिर भी तू कहता है कुछ नहीं दीखता।

मालवोलियो : मैं पागल नहीं हूँ सर टोपाज़ ! मैं कहता हूँ यहाँ बड़ा अँधेरा है।

विदूषक : पागल ! तू भूल करता है। अज्ञान के अतिरिक्त यहाँ कोई

ऐसा अन्धकार नहीं। जैसे मिस्त्री लोग कुहरे में ढके रहते थे, तू उस अन्धकार में डूबा हुआ है।

मालवोलियो : यह घर अज्ञान की भाँति अन्धकारमय है, और अज्ञान नरक का-सा काला है। मैं कहता हूँ कि शायद ही कोई ऐसा आदमी होगा जिसे इतना सताया गया हो और बेवजह! जितने तुम ठीक हो, उतना ही मैं भी हूँ। मैं पागल नहीं हूँ, मुझसे कोई भी सवाल पूछकर मेरा इम्तिहान ले लो।

विदूषक : बताओ जंगली फ़ाख़्ता के बारे में ग्रीक दार्शनिक पाइथागोरस का क्या मत था!

मालवोलियो : उसका यह मत था कि बहुत सम्भव है हमारे पूर्वजों की आत्माएँ उनमें रहती थीं।

विदूषक : और तुम्हारी इस बारे में क्या राय है?

मालवोलियो : मैं इस पर बिलकुल विश्वास नहीं करता, मैं तो आत्मा के विषय में ऊँची धारणा रखता हूँ।

विदूषक : तब तो तुम्हें नमस्कार! मैं तुम्हें तब तक पागल ही मानूँगा जब तक तुम उस दार्शनिक से सहमत नहीं हो जाते, और जंगली फ़ाख़्ता मारने में इस डर से नहीं रुक जाते कि कहीं तुम्हारी दादी न मर जाए। विदा।

मालवोलियो : पादरी साहब! पादरी साहब!

सर टोबी : कमाल के पादरी हैं!

विदूषक : ओह! मैं तो जो चाहे अभिनय कर सकता हूँ।

मेरिया : इसके लिए तो तुम्हें वेश बनाने की ज़रूरत नहीं थी। वह तुम्हें देख थोड़े ही सकता है।

सर टोबी : अब अपनी असली आवाज़ में उससे बातें करो और इस मुलाक़ात का नतीजा मुझे बताओ। अब तो इस कारगुज़ारी का किसी तरह ठीक से अन्त हो जाए तो ही भला, इसे किसी ढंग

से निकालो यहाँ से, तभी बचत है, हाँ, पर हाथ-पाँव बचाकर ही। काउण्टेस वैसे ही मुझसे बहुत नाराज़ हो गई है और अब मालवोलियो को सताने का काम छोड़ो! मेरे कमरे में आकर सब बताना!

(सर टोबी और मेरिया का प्रस्थान)

विदूषक : *(गान)*

रोबिन! मेरे रोबिन! दिल खुश रोबिन!

तेरी प्रिया के हैं क्या हाल?

मालवोलियो : विदूषक!

विदूषक : *(गान)* ऐ हो, वह तो निष्ठुर बड़ी कठोर है...

मालवोलियो : विदूषक!

विदूषक : *(गान)* ऐसा क्यों है कहो मलाल?

मालवोलियो : विदूषक! अरे सुनते हो!

विदूषक : *(गान)* किसी और से करती है वह प्यार अरे...है! किसने बुलाया मुझे?

मालवोलियो : अच्छे विदूषक! मुझे कुछ लिखने का सामान ला दो, मैं तुम्हें ईनाम दूँगा। इस काम को कर दो, मैं क़सम खाता हूँ, तुम्हारे काम आऊँगा!

विदूषक : कौन? कारिन्दा साहब!

मालवोलियो : हाँ, मेरे दयालु विदूषक!

विदूषक : अरे! आप पागल कैसे हो गए?

मालवोलियो : विदूषक! मुझ जैसी ज़्यादती तो कभी किसी पर नहीं हुई होगी। विदूषक! जैसे तुम पागल नहीं हो, मैं भी नहीं हूँ।

विदूषक : सोचकर बोलो भाई! अगर तुम विदूषक की-सी बुद्धि वाले हो तो मूर्ख हो, यानी कि पागल हो!

मालवोलियो : उन्होंने मुझे सामान की तरह बन्द कर दिया है। यहाँ बड़ा अँधेरा है, वे पादरियों को भेजते हैं, गधे कहीं के! और सारी

ऐसी कोशिश कर रहे हैं कि मैं पागल हो जाऊँ।

विदूषक : क्या कहते हो सोचकर बोलो! लो पादरी साहब आ गए। *(स्वर बदलकर)* मालवोलियो! मालवोलियो! ईश्वर तुम्हारी बुद्धि को ठीक करे। सोने का प्रयत्न करो और यह बेकार की बक-बक बन्द करो।

मालवोलियो : सर टोपाज़!

विदूषक : ऐ भले आदमी इससे बातें मत करो *(अपने स्वर में)* हाँ कौन, श्रीमान् मैं? नहीं श्रीमान्! कभी नहीं। भगवान् आपके साथ है पादरी साहब! सर टोपाज़! आप धन्य हैं। *(स्वर बदलकर)* ऐसा ही हो! आमीन! *(अपने स्वर में)* हाँ श्रीमान्! वही करूँगा जैसी आज्ञा! जैसी आज्ञा।

मालवोलियो : ओ विदूषक विदूषक! अरे विदूषक!

विदूषक : ठहरिए सा'ब। ज़रा धीरज धरिए। अब कहिए! मैं आपसे बोलता हूँ तो मुझे डाँट लगती है।

मालवोलियो : प्यारे विदूषक। मुझे ज़रा रोशनी और कागज़ तो ला दो! मैं कहता हूँ, मैं उतना ही ठीक हूँ जितना इलिरिया का कोई भी आदमी।

विदूषक : मैं भी चाहता हूँ ऐसा ही जल्दी से हो जाए।

मालवोलियो : कसम से मैं ठीक हूँ। मुझे स्याही, कागज़ और रोशनी ला दो अच्छे विदूषक! जो मैं लिखकर दूँ वह श्रीमती को ले जाकर देना। ऐसा लाभ तुम्हें किसी पत्र को पहुँचाकर न हुआ होगा, जो इससे होगा।

विदूषक : अच्छी बात है, मैं मदद करूँगा। पर मुझे यह बता दो ठीक से कि तुम सचमुच पागल हो या बन रहे हो?

मालवोलियो : मैं न हूँ, न बन रहा हूँ, कसम खाता हूँ, मेरा भरोसा करो।

विदूषक : पागल की बात का क्या भरोसा! लेकिन मैं वह लाता हूँ जो तुम चाहते हो।

मालवोलियो : तुम्हें इसका बड़ा ईनाम मिलेगा। जल्दी करो।

विदूषक : *(गीत)*

चला चला सरकार, गया मैं गया गया,

अभी–अभी मैं लौट यहीं पर आऊँगा,

जैसे नाटक[1] में आता था पाप सदा,

वैसे ही मैं लौट लौट कर आऊँगा।

हिम्मत रखना, जैसे पाप खड्‌ग लेकर,

करता था हमला बढ़कर शैतान पर,

भर गुस्से से, भर द्वेषों से जोशीला—

लौटा करता था फिर कन्नी काटकर

(प्रस्थान)

दृश्य 3

(ओलीविया का उपवन)

(सैबैस्टियन का प्रवेश)

सैबैस्टियन : यह है वायु, वह है उज्ज्वल सूर्य। यदि यह मेरी पहचान ठीक है, तो यह भी सत्य है कि उसने मुझे यह देदीप्यमान रत्न भेंट किया। यह मेरे हाथ में है, मैं इसे छू रहा हूँ। मैं इसे देख रहा हूँ। नहीं, मैं पागल नहीं हूँ। किन्तु आश्चर्य ने मुझे विह्वल कर दिया है। मैंने एण्टोनियो को सराय हाथी में देखा लेकिन वह मुझे नहीं मिला। वह वहाँ गया ज़रूर था और उन्होंने यह भी बताया कि वह मुझे ढूँढने शहर चला गया था। उसी की सलाह की मुझे

---

1. शेक्सपियर के पहले मिरैकिल प्ले होते थे। यह रूपक होते थे, जैसे हिन्दी में 'प्रबोध चन्द्रोदय' है। इसमें पात्र होते थे, सज्जनता, पाप, शैतान, क्रोध आदि। यहाँ ऐसे ही एक तत्कालीन प्रसिद्ध रचना का हवाला दिया गया है।

इस वक्त कितनी ज़्यादा ज़रूरत थी! क्या करूँ, किस पर भरोसा करूँ! मेरा विवेक और जो कुछ मैं देख रहा हूँ इनमें कोई पटरी ही नहीं बैठ रही है। मेरी अक़्ल कहती है कि इस सबमें कहीं कुछ गड़बड़ ज़रूर है। मैंने तो अपनी बुद्धि नहीं खोई है, फिर भी सब कितनी अनहोनी है, और जो मैंने आज तक इस दुनिया में देखा-समझा है, सचमुच जो यहाँ देखा है, वह ऐसा असम्भव-सा लगता है कि मुझे स्वयं ही उस पर विश्वास नहीं होता। अब तो मैं ऐसी परिस्थिति में पड़ गया हूँ कि जो कुछ हो चुका है, उसके लिए कहूँ कि यह हुआ ही नहीं। या तो मेरा दिमाग़ खराब हो गया है, या उस स्त्री का। लेकिन वह पागल होती तो क्या ऐसे घर-बार चला लेती! नौकरों पर हुकूमत कर लेती! सूचनाएँ पाकर जवाब देती और सबको काम में लगाए रहती! और वह भी किस धीरज, शान्ति, बुद्धिमानी और आत्मविश्वास से किया था सब उसने मेरी उपस्थिति में! समझ में नहीं आता। लो काउण्टेस ही आ रही है।

(ओलीविया और पादरी का प्रवेश)

ओलीविया : मेरी जल्दबाज़ी का बुरा न मानना। यदि जो कुछ तुमने कहा है, वह सत्य है तो पास के गिरजे में मेरे और पादरी साहब के साथ चलो, और इनकी मौजूदगी में उस पवित्र स्थान में अपना वचन दो, मुझसे प्रतिज्ञा करो ताकि मेरे मन का शक और डर दूर हो जाए और शान्ति से वह तुम्हारी बात की सच्चाई को मानकर ढाढस पाए। जब तक तुम चाहोगे, हमारी सगाई गुप्त रहेगी और जब तुम चाहो विवाह की घोषणा करके आनन्द मनाना, ऐसा जो मेरे सम्मान के अनुकूल हो। सहमत हो ?

सैबैस्टियन : मैं तैयार हूँ। तुम्हारे और इनके साथ चलता हूँ। जो वचन मैंने दिया है उसके प्रति मैं सदैव दृढ़ प्रतिज्ञ रहूँगा।

ओलीविया : आदरणीय पादरी साहब! हमें रास्ता दिखाएँ, ईश्वर हमारे इस कार्य से प्रसन्न हों! **(प्रस्थान)**

पाँचवाँ अंक

दृश्य 1

(ओलीविया के घर के सामने)
(विदूषक और फेबियन का प्रवेश)

फेबियन : अच्छा, अगर तुम्हें मुझसे प्रेम है, तो उसका पत्र दिखा दो।

विदूषक : मेरे अच्छे दोस्त! मेरी भी एक प्रार्थना मानोगे?

फेबियन : मानता हूँ। जो कहो।

विदूषक : तो इस पत्र को देखने की इच्छा न करो।

फेबियन : यह तो कुत्ता देकर, उसी को फिर माँग लेना हुआ।

(इयूक, वायोला, क्यूरियो और लार्ड लोगों का प्रवेश)

इयूक : क्या तुम श्रीमती ओलीविया के अनुचर हो?

विदूषक : जी हाँ श्रीमन्त! हमें उन्हीं की सम्पत्ति समझिए।

इयूक : तुम्हारा चेहरा मुझे पहचाना-सा लगता है। क्या हाल हैं तुम्हारे!

विदूषक : जो दुश्मनों को भले, दोस्तों को बुरे।

इयूक : उल्टी बात कह गए गलती से। दोस्तों को भले कहो।

विदूषक : जी नहीं मेरा मतलब वही है जो मैंने कहा।

इयूक : समझाओ।

विदूषक : श्रीमन्त सुनिए! मेरे दोस्त मेरी खुशामद करते हैं। और इस

तरह मुझे बेवकूफ़ी करने में बढ़ावा देते हैं। अच्छा। मेरे दुश्मन मेरी प्रकट रूप से नुक्ताचीनी करते हैं और कहते हैं कि मैं बेवकूफ़ हूँ, मुझे उनसे अपना सुधार करने की प्रेरणा मिलती है। दोस्तों से होता है नुकसान, दुश्मनों से फ़ायदा। जैसे दो होते हैं तभी चुम्बन लिया जा सकता है, उसी तरह दो अभावात्मकों के मिलन से एक भावात्मक जो बनता है, यानी कि हुआ यह कि मुझे दोस्तों की बजाय दुश्मनों से ज़्यादा फ़ायदा होता है।

इयूक : शाबाश!

विदूषक : नहीं श्रीमान्! ऐसा कहना उचित नहीं, आप तो मेरी मित्रता में ऐसे कहते हैं।

इयूक : तुम मेरे लिए बुरे साबित न होगे। यह लो...(*धन देता है।*)

विदूषक : अगर मैं आपको गलत सलाह नहीं देता तो आपको अपना काम दुहराना चाहिए।

इयूक : यह तो बात ठीक नहीं लगती।

विदूषक : श्रीमान् जेब में बटुआ रख लीजिए और हाथ को उसका पीछा करने दीजिए।

इयूक : अच्छी बात है, फिर दुतरफा चाल का कुसूर मैं किए लेता हूँ। यह लो...(*फिर धन देता है।*)

विदूषक : एक, दो, तीन तो बड़ा अच्छा खेल है। पुरानी कहावत है कि, तेली की तीन बार! श्रीमान्, संगीत में भी तीसरी टेक की गत ही क्या कमाल करती है। श्रीमान् ने गिरजे के घण्टे सुने होंगे जो याद दिलाते हैं—एक दो-तीन!

इयूक : नहीं! एक खेल में तीन बार नहीं काट सकते। फिर और ज़्यादा ही मिलेगा अगर तुम काउण्टेस से जाकर कहो कि मैं उनसे मिलने आया हूँ, और अगर उन्हें तुम ले आए कि वह मुझसे बात करें तब ही।

विदूषक : श्रीमान् की दयावृत्ति मेरे लौटने तक सोई रहे। मैं आपका काम करूँगा, पर यह न समझें कि और इनाम पाने की ख़ातिर मैंने ऐसा किया

है। पर उसे सुलाए रखें, क्योंकि उसे मैं ही जगाऊँगा आकर।

(प्रस्थान)

वायोला : लीजिए श्रीमान्! वह आदमी आ रहा है जिसने मुझे बचाया था।

(अफ़सरों के साथ एण्टोनियो का प्रवेश)

ड्यूक : यह चेहरा तो मुझे पहचाना-सा लगता है। हाँ, मैंने इसे आख़िरी बार जब देखा था तब यह लड़ाई के धुएँ से ऐसा काला हो रहा था जैसे देवताओं के लुहार वल्कन का मुँह हो! यह एक बहुत छोटे जहाज़ का कप्तान था, मगर उस ज़रा-सी चीज़ के बल पर ही इसने ऐसा ज़बर्दस्त हमला किया और हमारे बेड़े के सबसे अच्छे जहाज़ को तोड़ दिया, यहाँ तक कि उस चोट से नुकसान उठाने वाले भी 'वाह-वाह' कहे बिना न रहे सके! अब क्या बात हुई!

पहला अफ़सर : ऑरसिनो! यह वही एण्टीनियो है जिसने फ़ीनिक्स जहाज़ और उसका माल कैण्डी में छीना था। जब आपके तरुण भतीजे टाइटस का पाँव कट गया था तब टाइगर जहाज़ को इसी ने किनारे पर सफलता से पहुँचाया था। इसे हमने शहर में झगड़ा करते पकड़ा है। अब इसके पास कुछ नहीं है और बड़ी बुरी हालत में है।

वायोला : श्रीमान्! इसने मुझ पर दया की थी, मेरी ओर से तलवार खींचकर खड़ा हुआ था, पर बाद में इसने मुझसे जाने क्या कहा कि मैं समझ न सका। मुझे लगा धक्का था परेशानी का, दिमाग़ शायद चल गया था।

ड्यूक : सचमुच यह तो तुम्हारा बिलकुल विवेकहीन कार्य ही कहा जाएगा कि तुम जो एक प्रसिद्ध समुद्री डाकू और नामी लुटेरे हो, हमारी पकड़ के भीतर आने की हिम्मत कर गए, जो तुम्हारे दुश्मन हो चुके हैं, क्योंकि तुमने हमें जान और माल का नुकसान पहुँचाया है।

एण्टोनियो : श्रीमन्त ऑरसिनो! प्रसन्न होइए कि मैं आपके दिए नामों को स्वीकार नहीं करता, न एण्टोनियो कभी चोर था, न समुद्री डाकू। मैं स्वीकार करता हूँ कि मैं आपका शत्रु था, परन्तु अकारण नहीं। मैं यहाँ क्यों हूँ? क्योंकि मैं इस युवक से अलग नहीं रह सका जो आपके पास खड़ा है। हालाँकि इसके हृदय में मेरे प्रति तनिक भी

कृतज्ञता नहीं है। मैंने इसे भीषण समुद्र में बचाया, जब यह मर रहा था, निराश होकर डूब रहा था। मैंने इसे फिर जीवन दिया और अपना प्रेम दिया, प्रेम कि जिसकी सीमा नहीं। इसी के स्नेह के कारण मैं इस शत्रु नगरी में भी आते नहीं डरा। मैं इससे फिर मिला जब इसे शत्रुओं ने घेर रखा था, इस पर वे हमला कर रहे थे। मैंने तलवार खींच ली और मुझे प्रसन्नता है कि मैंने इसकी रक्षा की। तभी मुझे गिरफ्तार कर लिया गया और यह युवक कायर और धोखेबाज़! इसने मुझे पहचानने से इन्कार कर दिया कि कहीं इसे भी मेरी मुसीबत का हिस्सेदार न बनना पड़ जाए! डरपोक मेरे लिए अजनबी बन गया। ज़रा-सी मुसीबत ने इस पुरानी मुहब्बत को ऐसा तोड़ दिया! पलक मारते पलट गया। अरे, मेरा धन ले रखा था, उससे भी मुकर गया। और घण्टा-भर भी न हुआ जब मैंने इसे बटुआ दिया था।

वायोला : यह कैसे हो सकता है?

ड्यूक : यह इस शहर में कब आया?

एण्टोनियो : आज ही श्रीमन्त! पूरे तीन महीने निकल गए, क्षण-भर भी मैं इससे दूर न हुआ, रात-दिन का साथ था।

(ओलीविया और सेवकों का प्रवेश)

ड्यूक : काउण्टेस आ रही हैं। पृथ्वी पर स्वर्ग उतर आया है। मगर तुम्हारी कहानी पागल की बकवास है। तीन महीने से यह जवान मेरे पास है, इसके बारे में फिर बातें करेंगे। अफ़सरों! इस क़ैदी को इस वक्त किनारे खड़ा करो।

ओलीविया : श्रीमन्त की मैं क्या सेवा करूँ? ओलीविया के पास सिवाय उसके कि जो वह पहले अस्वीकार कर चुकी है, बाकी कुछ भी आपकी सेवा में अदेय नहीं है। सिज़ैरियो! तुमने मुझसे अपना वचन नहीं निबाहा?

वायोला : श्रीमती!

ड्यूक : सुन्दरी...

ओलीविया : हाँ सिज़ैरियो! ड्यूक। हाँ श्रीमान्...

वायोला : ड्यूक बोल रहे हैं। जब तक वे कह न चुकें तब तक मेरे लिए चुप रहना ही उचित है।

ओलीविया : यदि श्रीमान् उसी पुरानी कहानी को क्रमश: चलाना चाहते हैं तो वह मेरे कानों में ऐसे ही गूँजेगी जैसे मीठा संगीत सुनकर कोई जंगली जानवरों की दहाड़ सुने।

ड्यूक : क्या तुम अभी भी इतनी कठोर हो ?

ओलीविया : नहीं श्रीमान्। मैं पतिव्रत की बात कहती हूँ।

ड्यूक : पतिव्रत! ओ दाक्षिण्यहीन स्त्री! तुम्हारी वेदी पर ही मैंने अपनी समस्त आराधना और प्रेम न्यौछावर किया था! तुमने कभी मेरी बात नहीं मानी! हाय! अब मैं क्या करूँ?

ओलीविया : श्रीमान् जो चाहें करें, पर वह हो आपके पद और स्थान के गौरव के अनुरूप ही।

ड्यूक : क्या है जो मेरे प्रेम के केन्द्र को मेरे हाथों से नष्ट होने से बचा सकता है, ताकि कोई दूसरा उसे न पा सके, जैसा उस मिस्र के डाकू ने मरते समय किया था। यह एक बर्बर, वहशी और ईर्ष्या– भरा प्रेम है, नहीं, किन्तु इसमें एक उदात्त भाव भी है। जो हो। मैं जान गया हूँ कि किसने तुम्हारा वह हृदय छीना है, जो मेरा होना चाहिए था। मैं अब इसका ध्यान रखूँगा कि वह अब तुम्हारे पास तुम्हें सुख देने नहीं आ सकेगा, जिसे देखकर तुम प्रफुल्लित होती हो! वह अपने स्वामी के ही हित का घातक नहीं बनेगा। मैं स्वयं उसे बहुत चाहता हूँ, वह मेरे साथ जाएगा। आओ सिज़ैरियो! मैं इस निष्ठुर स्त्री से प्रतिशोध लेने पर तुल गया हूँ और मैं अपने ही प्यारे मेमने की बलि दूँगा, ताकि यह जो सुन्दर चिड़िया भीतर एक गिद्ध का दिल छिपाए हुए है, तड़प-तड़प उठे। *(चलता है।)*

वायोला : और श्रीमान्! आपके सुख के लिए मैं अत्यन्त प्रसन्नता, तत्परता और स्वीकृति से, आपका हूँ, हज़ार बार मर सकता हूँ आपके लिए। *(पीछे चलती है।)*

ओलीविया : सिज़ैरियो! कहाँ जाते हो?

वायोला : उसके पीछे जिससे मुझे प्रेम है, जिसे मैं अपनी आँखों से भी ज्यादा चाहता हूँ। उसकी तुलना में मैं हज़ार पत्नियों को नहीं चाह सकता। यदि मैंने झूठ कहा है, तो अरे स्वर्ग के साक्षी देवताओं! मुझे दण्ड दो, कष्ट दो कि मैंने अपने प्रेम के बारे में झूठ कहा!

ओलीविया : हाय मुझे धोखा दिया गया! मैं कितनी निरीह और घृणित हो गई!

वायोला : तुम्हें किसने धोखा दिया? किसने तुम्हें सताया?

ओलीविया : क्या तुम भूल गए? क्या वह बहुत पुरानी बातें हैं? क्या पादरी साहब को बुलवाऊँ?

ड्यूक : *(वायोला से)* चलो, चलो!

ओलीविया : कहाँ श्रीमान्! सिज़ैरियो! मेरे पति! ठहरो, मत जाओ!

ड्यूक : पति!

ओलीविया : हाँ पति! क्या यह अस्वीकार करेंगे?

ड्यूक : पति! ऐं! क्यों जी?

वायोला : नहीं श्रीमान्! यह झूठ है। मैं नहीं हो सकता।

ओलीविया : हाय! मालिक की अप्रसन्नता के भय से तुम अपना सत्य भी गँवा बैठे! पर डरो मत! अपने भाग्य को साहस से पकड़ो और अपनी वस्तुस्थिति को स्वीकार करो। तुम जिससे डर रहे हो, अब तुम उसके बराबर के दर्जे के हो गए हो!

(पादरी का प्रवेश)

आह! श्रेष्ठ पादरी! आप भी कैसे मौके से आ पहुँचे! बताइए मैं प्रार्थना करती हूँ, जो अभी हाल में हुआ, यह तरुण और मैं, क्या हैं, क्या उसे कुछ समय गुप्त रखने की बात तय नहीं हुई थी, पर क्या करूँ घटनाओं ने ही इसे इतनी शीघ्र प्रकट करने को विवश कर दिया।

पादरी : वह एक अखण्ड प्रेम की प्रतिज्ञा थी, जो मेरे सामने इन दोनों ने की थी। मैंने आवश्यक संस्कार भी पूर्ण कर दिए थे और हाथ

मिलवा|ए थे, इन्होंने पावित्र चुम्बन लिया था, अँगूठियाँ बदली थीं। यह मैंने अपने पवित्र पद से सब कराया था, मैं इसका साक्षी हूँ। और यह सब हुए अभी दो घण्टे भी नहीं हुए हैं।

ड्यूक : ओ झूठे, मक्कार, दग़ाबाज़! अगर तू इस कमसिनी में ऐसा है तो बड़ा होकर तो न जाने कितना बड़ा बदमाश बनेगा! वह तो तुझे ज़रूर बरबाद कर देगी! ले अब अपनी दुल्हन को सम्भाल, पर ख़बरदार आइंदा मेरे सामने कभी न आना।

वायोला : श्रीमान्! मैं विरोध करता हूँ...

ओलीविया : नहीं। क़सम मत खाओ। सच से डरो। पर इतना भी क्या डरना ?

(सर एण्डू का प्रवेश)

सर एण्डू : भगवान् के लिए! डॉक्टर! सर टोबी के लिए एक डॉक्टर भेजिए!

ओलीविया : क्यों क्या हुआ ?

सर एण्डू : मेरा सिर फट गया है, सर टोबी का भी। बचाइए। भगवान् के लिए। काश मैं अपने घर पहुँच सकता, चाहे जो भी खर्च हो जाए...

ओलीविया : तुम्हारा सिर किसने फोड़ दिया ?

सर एण्डू : तरुण सिज़ैरियो ने! वह जो ड्यूक ऑरसिनो की सेवा में रहता है। हम समझे थे वह हमसे डरेगा, पर वह तो खतरनाक शैतान निकला।

ड्यूक : सिज़ैरियो ? मेरा सेवक ?

सर एण्डू : हे भगवान्! वह खड़ा तो है। अच्छा। तुमने बिना मेरे कुछ कहे मुझे घायल किया, और जो मैंने किया, वह सर टोबी के ही कहने से तो किया था।

वायोला : यह सब मुझसे क्यों कहते हो ? मैंने कुछ नहीं किया। तुमने ज़रूर मुझ पर तलवार खींची थी। मैंने तो हल्का-सा जवाब दिया था, तुम्हें घायल मैंने कब किया था ?

सर एण्डू : नहीं, तुमने किया। अगर लहू निकालना घायल करना है, तो देखो। अरे, तुम्हें तो यह बड़ी मामूली-सी बात लगती है। यह लो सर टोबी भी लंगड़ाते हुए आ रहे हैं। वह तो तुम्हें याद दिला देते,

जो वे नशे में न होते, अभी तो फिर देखा जाएगा।

(सर टोबी और विदूषक का प्रवेश)

इ्यूक : अरे भई! यह क्या मामला है! बात क्या है?

सर टोबी : कोई बात नहीं। इसने मुझे घायल किया और कोई बात नहीं। कहीं डॉक्टर भी है रे विदूषक?

विदूषक : वह बेकार है सर टोबी। वह तो सबेरे ही नशे में डूबा हुआ था।

सर टोबी : वह लुच्चा है। नशेबाज़ बेवकूफ़! हद के बाहर! मुझे नशेबाज़ आदमी पसन्द नहीं।

ओलीविया : ले जाओ इन्हें। इनका यह हाल किसने किया?

सर ऐण्डू : सर टोबी, मैं आपकी मदद करूँ, तब हम दोनों के घावों का एक साथ इलाज हो जाएगा।

सर टोबी : तुम मेरी मदद करोगे! बेवकूफ़! बदमाश! बदशक्ल! लुच्चे! मग़रूर! चिड़चिड़े! मूर्ख!

(विदूषक, फेबियन, सर टोबी और सर ऐण्डू का प्रस्थान)
(सैबैस्टियन का प्रवेश)

सैबैस्टियन : श्रीमती! मुझे इसका बड़ा दु:ख है, कि मैंने ही आपके आदमियों को घायल किया, पर मैं और करता भी क्या? मेरी इज़्ज़त का सवाल था, और मेरा ही कोई घर का आदमी होता तो भी मैं यही करता। तुम्हारे चेहरे को देखकर लगता है, तुम मुझसे नाराज़ हो, पर मुझे माफ़ कर दो, मेरी प्रिये, अभी हमने जो इतनी प्रेमभरी प्रतिज्ञाएँ की हैं, उनकी याद से ही मुझे माफ़ कर दो!

इ्यूक : वही चेहरा, वही रूप, वही कपड़े, वही वेश और वही आवाज़ और फिर भी दो आदमी! एक के ही दो रूप! हैं न यही बात?

सैबैस्टियन : मेरा प्रिय एण्टोनियो भी यहीं है। अरे मेरे दोस्त! जब से तुमसे बिछोह हुआ है, तब से मैं तुमसे मिलने को कितना बेचैन था!

एण्टोनियो : यह है सैबैस्टियन!

सैबैस्टियन : क्यों क्या तुम्हें शक है?

एण्टोनियो : क्या तुमने बिलकुल अपने जैसा एक और आदमी भी बना डाला है? देखो! दोनों जवान बिलकुल एक-से हैं, ऐसा लगता है एक ही फल काटकर दो हिस्से कर दिए हों! कौन-सा है सैबैस्टियन!

ओलीविया : अद्भुत! नितान्त अद्भुत!

सैबैस्टियन : हैं! यह क्या मैं ही खड़ा हूँ? यह भाई तो नहीं हो सकता, क्योंकि मेरे भाई हैं ही नहीं। न मुझमें दैवी शक्ति है कि मैं एक से अधिक रूप में एक ही जगह एक ही समय में प्रकट हो सकूँ! पहले सौभाग्य से एक बहन थी, पर वह तूफ़ानी लहरों में खो गई। (*वायोला से*) दया करके बताओ, तुम मेरे कौन हो? किस देश के वासी हो और तुम्हारा क्या नाम है। तुम्हारे पिता कौन हैं?

वायोला : मैं मेसैलिनी परिवार का हूँ। मेरे पिता का नाम सैबैस्टियन था। मेरे भाई का भी यही नाम था, और ठीक तुम्हारे ही जैसा जवान था जब वह समुद्र की क़ब्र में समा गया। ऐसे ही कपड़े पहने था। यदि मृत व्यक्ति आत्मा बनकर हमारे पास आ सकते हैं, ठीक जीवित व्यक्ति के रूप और वेश में, तो तुम हमें क़ब्र में से डराने ही आए हो।

सैबैस्टियन : मैं सचमुच आत्मा हूँ, पर इसी पृथ्वी का, यहीं का वासी, यहीं के वेश में, इसी ने मुझे जन्म दिया है। किन्तु यदि तुम युवक की जगह युवती होते, तो बाकी सब साक्ष्य ठीक हैं कि मैं इस सबको ज्यों का त्यों मान लेता और हर्ष के आँसुओं में तुम्हारे गालों को भिगोकर अपनी बहन का स्वागत करता। कहता : ''आ वायोला, स्वागत है, तेरा स्वागत है।''

वायोला : मेरे पिता की भौंह पर एक तिल था।

सैबैस्टियन : मेरे पिता के भी था।

वायोला : और उनकी बेटी की 13वीं सालगिरह पर उनका स्वर्गवास हुआ था।

सैबैस्टियन : ठीक याद है यह भी। उनकी मृत्यु ठीक मेरी बहन की 13वीं

सालगिरह को हुई थी।

वायोला : यदि मेरा पुरुष वेश ही अब हमारे पूर्ण आनन्द के अधिकार में बाधा डाल रहा है, तो कुछ देर धैर्य रखो और देखो कि सारी घटनाएँ और परिस्थितियाँ ठीक बैठ जाती हैं। इसका प्रमाण प्रस्तुत करने को मैं तुम्हें एक दयालु जहाज़ी के पास ले चलूँ जिसके यहाँ मैंने अपना स्त्री वेश रखा है। उसने मेरी जान बचाई थी और उसकी मदद से मुझे इस योग्य स्वामी की सेवा करके जीवन-निर्वाह करने का अवसर मिला। बाकी जो हुआ है वह सब स्वामी और इन श्रीमती के सम्बन्ध की बात है।

सैबैस्टियन : *(ओलीविया से)* यह बात है श्रीमती! तुमको धोखा हो गया। प्रकृति से तो यह सहज ही है कि स्त्री का आकर्षण स्त्री के प्रति नहीं हो। यदि यह प्रकट न होता तो तुम तो एक स्त्री से ही विवाह करना चाहती थीं। तुम्हारी इच्छा पूरी नहीं हुई। और बीच में मैंने आकर धोखा दे दिया। तुम्हारी तो एक स्त्री और एक पुरुष दोनों से ही सगाई हो गई?

ड्यूक : चकित-विभ्रान्त न हों श्रीमती! यह तरुण भी कुलीन है जन्म से। यदि यह जैसा है, सत्य है तो मेरे अरमानों की बरबादी में भी मुझे बड़ी तसल्ली मिली है। *(वायोला से)* सुन्दर युवक! तुमने मुझसे हज़ारों बार कहा कि तुममें जो मेरे प्रति प्रेम है वह कभी स्त्री के प्रति नहीं हो सकता।

वायोला : मैं तो हज़ार बार यह कहूँगी और पूरी सचाई से अपनी बात ऐसे ही निभाऊँगी जैसे यह जगमाता सूरज दिन और रात का फ़र्क डाला करता है।

ड्यूक : मुझे अपना हाथ दो। अब स्त्री का वेश धारण करो, मैं तुम्हें देखना चाहता हूँ।

वायोला : मेरा स्त्रीवेश उस कप्तान के घर है, जिसने मुझे बचाया था। वह किसी कारण से बन्दी हो गया है। काउण्टेस के कारिन्दे

मालवोलियो के कहने से उसने उस पर कुछ अभियोग लगाया है।

ओलीविया : मालवोलियो को बुलाओ ताकि वह उसे छोड़ दे और मुझे याद आता है, मालवोलियो तो पागल हो गया है।

(विदूषक का एक पत्र लिए फेबियन के साथ प्रवेश)

मालवोलियो कैसा है, विदूषक?

विदूषक : श्रीमती! इन हालतों में जहाँ तक हो सकता है वह शैतान को हाथ-भर दूर रख रहा है। उसने आपको एक पत्र लिखा है। मैं इसे आपको सुबह ही दे देता, पर पागल की बात का क्या विचार करना, इसलिए मैंने इसको पहुँचाना ज़रूरी नहीं समझा था।

ओलीविया : अच्छा खोल के पढ़ो।

विदूषक : तो श्रीमती एक मूर्ख के मुँह से एक पागल की बातचीत सुनने को तैयार हो जाएँ। (*पढ़ता है*) भगवान् के लिए, श्रीमती...

ओलीविया : क्या तुम्हारी अक़्ल बिगड़ गई है?

विदूषक : नहीं श्रीमती! मैं तो पागलपन पढ़ रहा था, अगर आप जैसा यह है वैसे ही सुनना चाहें तो आपको थोड़ी-सी छूट देनी ही होगी।

ओलीविया : क़ायदे से पढ़ो। ढंग से। होश में।

विदूषक : हाँ श्रीमती, मैं यही तो कह रहा हूँ। लेकिन उसके लिखे भाव को पढ़ने को मुझे वही करना होगा जो मैंने अभी किया, अत: श्रीमती! ध्यान दें और ज़रा सोचें तो सही।

ओलीविया : (*फेबियन से*) अरे तुम लेकर पढ़ो।

फेबियन : (*पढ़ता है*) भगवान् के लिए, श्रीमती! आपने मुझसे दुर्व्यवहार किया है, मैं हर एक को सुना-सुनाकर कहूँगा। मैं आपकी ही भाँति ठीक हूँ, यद्यपि मुझे नशेबाज़ सर टोबी की देख-रेख में एक अँधेरे कमरे में बन्द कर दिया गया है। मेरे पास अब भी आपका वह कागज़ है, जिसने मुझे वह सब करने को उकसाया, जो मैंने किया है और इसीलिए मैं आपके सामने इस रूप में आया। मैं उस पत्र से प्रमाणित करूँगा कि मैं ठीक हूँ या आप दोषी हैं। आप मेरे बारे में जो चाहें

सोचें। यह शब्द तो आपने जो मुझे सताया है, इसी भाव से प्रेरित हुए हैं, और मैं आपके प्रति सेवक का व्यवहार छोड़कर ही इस समय ऐसा व्यवहार कर रहा हूँ। दुर्व्यवहार से पीड़ित—मालवोलियो!

ओलीविया : यह उसी ने लिखा है?

विदूषक : जी हाँ।

ड्यूक : इसमें तो कोई पागलपन नहीं झलकता।

ओलीविया : फेबियन, उसे आज़ाद करो और यहाँ लाओ!

(फेबियन का प्रस्थान)

श्रीमान् जो संवाद मैंने अभी सुना है कि मैं अब सैबैस्टियन की पत्नी और वायोला की भाभी हो गई हूँ, और इस नाते आपकी सरहज हूँ, मैं आपसे प्रार्थना करती हूँ कि हम सबका विवाह एक ही दिन हो, सारी दावत मेरे खर्चे से मेरे इसी घर में हो।

ड्यूक : मैं बिलकुल स्वीकार करता हूँ। *(वायोला से)* अब तुम्हारा स्वामी तुम्हें मुक्त करता है और तुमने जो स्नेह-भरे कष्ट उठाए हैं, इतना ध्यान देकर देख-भाल की है, और वह कार्य किया है जो स्त्री के कर्तव्य से इतना भिन्न है, और तुम्हारे पद और कोमल स्वभाव के इतना अधिक प्रतिकूल है, मैं कहता हूँ कि तुमने जो मुझे स्वामी मानकर इतने दिन सेवा की है, इसलिए मेरा हाथ पकड़ो अब मैं तुम्हारी मालकिन की तरह सेवा करूँगा? तुम स्वामी की स्वामिनी होगी।

ओलीविया : आखिर मुझे बहन ही-सी मिल गई! वह भी वही जिसे मैं प्यार करती हूँ।

(फेबियन तथा मालवोलियो का प्रवेश)

ड्यूक : यही वह पागल है?

ओलीविया : हाँ श्रीमान! यही है! क्या बात है मालवोलियो!

मालवोलियो : श्रीमती! आपने मुझसे दुर्व्यवहार किया है! घोर दुर्व्यवहार किया है।

ओलीविया : मैंने? मालवोलियो! नहीं!

मालवोलियो : आपने ही श्रीमती! देखिए अपना पत्र पढ़िए, अब मत कहिए कि यह आपका लिखा नहीं है। अगर आप इससे अलग तरह का लिख सकें तो लिखिए! लिखकर दिखाइए। कहिए यह आपकी मुहर नहीं है? अपने सम्मान का ध्यान रखकर कहिए, आपने मुझे इतना क्यों उकसाया! ऐसा स्नेह क्यों दिखाया! आपने ही मुझे मुस्काने, आड़ी गेटिसें पहनने, पीले मोज़े पहनने को बढ़ावा दिया, आपने ही सर टोबी और निचले तबक़े के लोगों पर कठोरता करने को कहा और मैंने आपका स्नेह पाने को यह सब किया, फिर आपने मुझे अँधेरे कमरे में क्यों बन्द करा दिया, वहाँ मेरे पास एक पादरी क्यों भेजा जाता था? मुझे ऐसा बेवकूफ़ बनाया गया जैसा शायद ही कोई बनाया गया हो! बताइए क्यों! मैंने क्या किया ऐसा?

ओलीविया : उफ! मालवोलियो! ये मेरे हाथ की लिखावट नहीं है। हाँ, मेरे लेख से मिलती-जुलती ज़रूर है। निश्चय ही यह मेरिया का लेख है। हाँ, याद आया, उसी ने मुझसे पहले-पहल कहा था कि तुम्हारा दिमाग़ खराब हो गया है। तब तुम मुस्काते हुए आए, ऐसे ही जैसे इस पत्र में करने को कहा गया है। शान्त रहो, धीरज धरो। तुम पर एक चाल खेली गई है, जो बड़ी निर्दय है। इस मामले में पूरी जाँच की जाएगी, और तब पता चलेगा कि यह किसकी कारिस्तानी है, क्यों की गई है, तब मैं तुमसे वादा करती हूँ कि तुम्हारे दु:ख को अपना समझकर ही दोषी को दण्ड दूँगी।

फेबियन : श्रीमती इस आशा में कि भविष्य में होनेवाली अप्रिय घटना की सम्भावना ही दूर हो जाए, जो निश्चय ही इन सुखद घटनाओं के साथ अप्रासंगिक सिद्ध होगी, क्योंकि हम सब इस समय विस्मय से घिरे हुए हैं, मैं स्वीकार करता हूँ कि मालवोलियो पर खेली गई चाल सर टोबी ने और मैंने बनाई थी यह सिर्फ़ इसके अभद्र और कटु व्यवहार से बदला लेने के लिए। सर टोबी ने मेरिया से प्रार्थना की, और उसने उन्हें प्रसन्न करने को पत्र लिखा, इसलिए सर टोबी

ने उसे पुरस्कार दिया है कि उससे विवाह कर लिया है। और बाकी कैसे चालें चली गईं, उस कहानी को सुनकर आप लोगों को गुस्सा नहीं, हँसी ही आएगी। आप भले ही दोनों तरफ़ की बातें सुन लें।

ओलीविया : उफ़? बेचारा! कैसा बेवकूफ़ बनाया गया है। इन सबने कैसा घेरा है!

विदूषक : क्यों? 'कुछ जन्म से महान् होते हैं, कुछ महानता प्राप्त करते हैं और कुछ पर जबरन लाद दी जाती है।' मैं भी इस नाटक के एक विष्कंभक में सर टोपाज़ बना था। पर अब जाने भी दो, ''भगवान् क़सम मैं उतना ही ठीक हूँ जितने तुम हो?'' याद है न? ''श्रीमती! आप भी इस रूखे-सूखे दिमाग़ के बेवकूफ़ की बातों पर जाने कैसे हँस लेती हैं! आप न हँसें तो इसमें है क्या?'' और बस समझ लो। समय का चक्र घूमता हुआ ऐसे ही प्रतिशोध लिया करता है।

मालवोलियो : मैं तुम सबको इसका बदला चुकाऊँगा। **(प्रस्थान)**

ओलीविया : उसके साथ सचमुच बड़ी ज़्यादती हुई है।

ड्यूक : उसके पीछे जाओ और उसे मना लो। उसने अभी उस कप्तान के बारे में कुछ नहीं बताया! जब वह भी हो जाएगा और अच्छा समय आएगा, हमारे प्रेम-भरे हृदय सदा के लिए एक हो जाएँगे! तब तक ओलीविया बहन! हम तुम्हारे ही घर रहेंगे। मेरे साथ चलो सिज़ैरियो! तुम अभी अपना यही नाम रखो जब तक तुम पुरुषवेश में हो। बाद में जब तुम स्त्रीवेश धारण कर लो तब तुम मेरी प्रिय हो जाना, मेरी रानी! कल्पना की रानी!

(सबका प्रस्थान, केवल विदूषक रह जाता है।)

विदूषक : (गीत)

जब मैं प्रिय था रे छोटा शिशु, छोटा शिशु, रे छोटा बालक,
हेई हेई हेई, चला पवन तब, बरसा रे बादल सुखदायक!
किन्तु खिलौनों से मैं खेला, दिया न दोष किसी ने मुझको!

नित्य बरसता था रे बादल, नित्य पवन बहता सुखदायक!
किन्तु हुआ जब तरुण पुरुष मैं, बढ़ा काल में चलकर लायक़!
हेई हेई हेई, चला पवन तब, बरसा रे बादल सुखदायक!
गुण्डों चोरों से रक्षा हित, सबने द्वार बन्द कर डाले,
नित्य बरसता था रे बादल, नित्य पवन बहता सुखदायक!
किन्तु ब्याह जब मैंने अपना किया कि मैं भी हूँ सुखपालक,
हेई हेई हेई, चला पवन तब बरसा रे बादल सुखदायक,
आत्मप्रशंसा से मैं कोई उन्नति अपनी कर न सका रे
नित्य बरसता था रे बादल नित्य पवन बहता सुखदायक!
आई रे जब वृद्धावस्था, शय्या मिली मुझे सुखदायक,
हेई हेई हेई, चला पवन तब बरसा रे बादल सुखदायक,
मैंने मदिरा ढाल नशे में बहलाया इस जी को कितना,
नित्य बरसता था रे बादल, नित्य पवन बहता सुखदायक!
बहुत दिनों के पहले सचमुच कभी बनी ये दुनिया लायक़,
हेई हेई हेई, चला पवन तब, बरसा रे बादल सुखदायक!
पर उससे क्या होता है अब, खेल ख़तम हो गया हमारा,
हम तो तुम्हें सदा खुश रखना अपना काम समझते लायक़!

(प्रस्थान)

❑❑❑

www.ingramcontent.com/pod-product-compliance
Lightning Source LLC
Chambersburg PA
CBHW021013160726
47994CB00006B/2497